T0194681

essentials

essentials liefern aktuelles Wissen in konzentrierter Form. Die Essenz dessen, worauf es als „State-of-the-Art" in der gegenwärtigen Fachdiskussion oder in der Praxis ankommt. *essentials* informieren schnell, unkompliziert und verständlich

- als Einführung in ein aktuelles Thema aus Ihrem Fachgebiet
- als Einstieg in ein für Sie noch unbekanntes Themenfeld
- als Einblick, um zum Thema mitreden zu können

Die Bücher in elektronischer und gedruckter Form bringen das Expertenwissen von Springer-Fachautoren kompakt zur Darstellung. Sie sind besonders für die Nutzung als eBook auf Tablet-PCs, eBook-Readern und Smartphones geeignet. *essentials:* Wissensbausteine aus den Wirtschafts-, Sozial- und Geisteswissenschaften, aus Technik und Naturwissenschaften sowie aus Medizin, Psychologie und Gesundheitsberufen. Von renommierten Autoren aller Springer-Verlagsmarken.

Weitere Bände in der Reihe http://www.springer.com/series/13088

Sebastian Pioch · Peter Lutsch ·
Juliane Benad

Sidepreneurship

Nebenberufliches Unternehmertum – eine Einführung

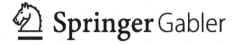

Springer Gabler

Sebastian Pioch
Hochschule Fresenius
Hamburg, Deutschland

Peter Lutsch
BHL Projects UG (haftungsbeschränkt)
Moosburg a.d.Isar, Deutschland

Juliane Benad
BHL Projects UG (haftungsbeschränkt)
Moosburg a.d.Isar, Deutschland

ISSN 2197-6708   ISSN 2197-6716   (electronic)
essentials
ISBN 978-3-658-31504-7   ISBN 978-3-658-31505-4   (eBook)
https://doi.org/10.1007/978-3-658-31505-4

Die Deutsche Nationalbibliothek verzeichnet diese Publikation in der Deutschen Nationalbibliografie; detaillierte bibliografische Daten sind im Internet über http://dnb.d-nb.de abrufbar.

Planung/Lektorat: Ann-Kristin Wiegmann
Springer Gabler ist ein Imprint der eingetragenen Gesellschaft Springer Fachmedien Wiesbaden GmbH und ist ein Teil von Springer Nature.
Die Anschrift der Gesellschaft ist: Abraham-Lincoln-Str. 46, 65189 Wiesbaden, Germany

Was Sie in diesem *essential* finden können

- Begriffsklärungen zum nebenberuflichen Gründen
- Kennzahlen und Statistiken
- Umfrageergebnisse einer Sidepreneurship-Studie
- Expertenmeinungen aus dem Personalbereich
- Handlungsempfehlungen zur konkreten Umsetzung

Vorwort

Sidepreneurship als Teilbereich des Entrepreneurship beschreibt unternehmerische Tätigkeiten, die neben einem anderen Hauptberuf vorangetrieben werden. Obwohl diese Art des Gründens seit Jahren die Zahl der in Vollzeit gestarteten Unternehmen übersteigt, fristet sie in der öffentlichen Wahrnehmung immer noch ein Nischendasein.

Das vorliegende *essential* soll den Status quo dieses immer beliebter werdenden Phänomens beleuchten. Zu Beginn werden die wichtigsten Begrifflichkeiten geklärt und nebenberufliches Gründen als solches im Gesamtkontext von Unternehmertum eingeordnet. Um die Motivation, Beweggründe und Herausforderungen von Sidepreneuren besser verstehen zu können, wurde zudem eine eigene quantitative Befragung durchgeführt, die zusätzlich durch Experteninterviews aus Arbeitgebersicht zu einer Doppelperspektive ergänzt wurde. Durch das Lesen dieses *essentials* ist es möglich, sich einen einführenden Einblick in nebenberufliches Unternehmertum in Deutschland zu verschaffen.

Des Weiteren werden die daraus resultierenden Erkenntnisgewinne gegen Ende des Buches zu konkreten Handlungsempfehlungen an die Politik, Arbeitgeber und natürlich auch an die Nebenerwerbsgründer zusammengefasst. In Zeiten von umwälzenden Veränderungen auf dem Arbeitsmarkt dürfte auch der Exkurs zum Thema New Work und Sidepreneurship als praxisnahem Teilaspekt dieser Bewegung von Interesse sein.

Neben den erhobenen und zusammengetragenen Daten basiert das vorliegende *essential* auf der persönlichen Praxiserfahrung der Autoren mit dem Thema und insbesondere auf den Erkenntnissen durch den Betrieb der Plattform www.sidepereneur.de, die als führende Anlaufstelle für nebenberufliche Gründer im deutschsprachigen Sprachraum gesehen werden darf.

Diese wurde 2017 von den Autoren Juliane Benad und Peter Lutsch selbst als Sidepreneurship-Projekt mitbegründet und unterstützt seitdem nebenberuflich Selbstständige bei der Umsetzung ihrer unternehmerischen Herzensprojekte. Sebastian Pioch ist ebenfalls ein Sidepreneur und betreibt ein eigenes Start-up (www.proofler.com) neben seiner Lehrtätigkeit im Bereich Digital Entrepreneurship an der Hochschule Fresenius in Hamburg.

Die Autoren verzichten zugunsten der Lesbarkeit auf die weibliche Form, gleichwohl immer auch weibliche Gründerinnen gemeint sind. In Absätzen, in denen es explizit um Gründerinnen und Sidepreneurinnen geht, selbstverständlich nicht. Wir freuen uns über Anregungen, Austausch sowie Feedback und wünschen viel Erfolg beim Aufbau eines eigenen Unternehmens neben dem Hauptberuf.

Hamburg, München und Frankfurt   Sebastian Pioch
Deutschland   Peter Lutsch
Im Oktober 2020   Juliane Benad

Inhaltsverzeichnis

Über die Autoren

Dr. Sebastian Pioch lehrt als Professor für Digital Entrepreneurship an der Hochschule Fresenius in Hamburg und leitet dort das Digital Innovation-Lab. Der Medien- und Informationswissenschaftler ist selbst auch als Gründer aktiv. So prämierte etwa das BMWi 2009 eine seiner Ideen mit dem EXIST-Gründerstipendium. Sein aktuelles Projekt „proofler.com", eine Online-Anwendung zur Entscheidungsfindung, wurde 2016 für den Gründen Live-Preis nominiert und motivierte 2017 das VC-Unternehmen 20scoops zu einem sechsstelligen Investment.

Kontaktinformationen
Prof. Dr. Sebastian Pioch
Hochschule Fresenius
Alte Rabenstr. 1
20148 Hamburg

Peter Lutsch ist zusammen mit Juliane Benad Mitinitiator der Plattform sidepreneur.de, die nebenberuflichen Gründern dabei hilft, sich ein zweites finanzielles Standbein aufzubauen oder ein unternehmerisches Herzensprojekt zu realisieren. Davor verantwortete er unter anderem das digitale Marketing eines Axel Springer Corporate Start-ups. Für sein Engagement mit sidepreneur.de wurde er stellvertretend für das Team 2019 mit dem „XING New Work Award" ausgezeichnet. Besonders wichtig ist ihm, die vielen spannenden nebenberuflichen Unternehmer sichtbarer zu machen und zu vernetzen.

Kontaktinformationen
Peter Lutsch
Weizenstr. 13
85368 Moosburg
peter@sidepreneur.de

Juliane Benad ist der weibliche Kopf hinter der Online Plattform Sidepreneur.de. Sie möchte insbesondere Frauen dabei unterstützen und Mut machen, ihren Weg in die berufliche Erfüllung über eine nebenberufliche Gründung zu starten. Hier interviewt sie u. a. für den Sidepreneur-Podcast erfolgreiche nebenberufliche Gründerinnen zu ihrer ganz persönlichen Gründungsgeschichte. Die Social Media-Beraterin und Marketingexpertin ist selbst als Sidepreneurin in die Selbstständigkeit gestartet.

Um eine Abgrenzung des Begriffs „Sidepreneur" zu ähnlichen Bezeichnungen für nebenberufliche Gründer vorzunehmen und die Besonderheiten dieses Unternehmertypus hervorzuheben, sind im ersten Schritt einige Begrifflichkeiten zu klären.

Zunächst soll das Wort Sidepreneur an sich erläutert werden. Die vollständige Definition des Begriffs kann in Abschn. 1.2 nachgeschlagen werden. Der Neologismus setzt sich aus den Worten „Entrepreneur" und dem englischen „side" zusammen. Er soll deutlich machen, dass es sich um Entrepreneurship handelt, welches sich neben einer anderen Hauptbeschäftigung entfaltet.

Auch wenn Sidepreneurship an sich keine neue Form des Unternehmertums darstellt, ist es in der öffentlichen Wahrnehmung weit weniger präsent als die Vollzeitgründung. Sowohl im politischen Diskurs zur Gründungsförderung, als auch in der medialen Berichterstattung ist nebenberufliches Gründen meist unterrepräsentiert.

Ein Umstand der aufgrund der Datenlage zunächst verwundert, denn die Mehrzahl der jährlichen Neugründungen in Deutschland erfolgt durch Nebenerwerbsgründer.[1]

Während Entrepreneurship seit vielen Jahren Gegenstand der wirtschaftswissenschaftlichen Forschung ist und unter anderem von Fueglistaller et al. wie folgt definiert ist,

---

[1]Vgl. KfW Gründungsmonitor 2019, S. 1.

© Der/die Herausgeber bzw. der/die Autor(en), exklusiv lizenziert durch Springer Fachmedien Wiesbaden GmbH, ein Teil von Springer Nature 2020
S. Pioch et al., *Sidepreneurship*, essentials,
https://doi.org/10.1007/978-3-658-31505-4_1

▶ „Entrepreneurship ist ein Prozess, der von Individuen initiiert und durchgeführt wird und dazu dient, unternehmerische Gelegenheiten zu identifizieren,
zu evaluieren und zu nutzen."[2]

sehen die Autoren dieses Buchs für den Unterbereich Sidepreneurship noch weiteren
Erörterungsbedarf hinsichtlich quantitativer Datenlage und qualitativer Aussagen,
beispielsweise zu der Motivation von nebenberuflichen Gründern oder auch zu den
positiven Einflüssen von Sidepreneurship auf Wirtschaft und Gesellschaft.

1.1 Definitionen

In der wissenschaftlichen Literatur haben sich unterschiedliche Bezeichnungen
für das nebenberufliche Unternehmertum ausgebildet. Innerhalb des deutschen
Sprachraums wird meist von Nebenerwerbsgründern gesprochen.

Laut Gabler Wirtschaftslexikon steht diese Bezeichnung in Abgrenzung zum
Vollerwerbsgründer[3]. Der Begriff beinhaltet das Merkmal, dass es sich um einen
Gründer handelt, der neben seiner Selbstständigkeit einer abhängigen Erwerbs-
tätigkeit nachgeht. Weiter heißt es, dass es sich dabei nicht um einen reinen
Zuverdienst handeln darf, sondern die eigenen Möglichkeiten, Gründungsideen
und die Marktfähigkeit mit dieser Art der Existenzgründung getestet wird.

Empirisch wird die Teilzeitgründung durch den Mikrozensus des statistischen
Bundesamtes erfasst.

Neben der bereits genannten Bezeichnung haben sich aber auch weitere
Begrifflichkeiten für diesen Typus des Unternehmertums herausgebildet, die der
nachfolgenden Tabelle entnommen werden können (siehe Tab. 1.1).

Allen Definitionen ist der Aspekt gemein, dass es sich um eine Selbstständigkeit handelt, welche neben einer anderen Haupterwerbstätigkeit vorangetrieben
wird und einen gewissen Teil des eigenen Einkommens erzielt.

Während die Definition eines Part-Time Entrepreneurs nahe an der des
Nebenerwerbsgründers bleibt, werden in weiteren Definitionen zusätzliche Ein-
schränkungen zeitlicher und finanzieller Art vorgenommen[4]. So wird beispielsweise
ein nebenberuflicher Unternehmer durch das Institut für Mittelstandsökonomie an
der Universität Trier nur als Part-Time Entrepreneur kategorisiert, wenn er einer nicht

---

[2]Fueglistaller et al. 2016, S. 2.
[3]Vgl. Achleitner 2018, o.S.
[4]Vgl. Petrova 2010, S. 64 f.

Tab. 1.1 Begriffserläuterungen zu nebenberuflichem Unternehmertum (Vgl. Landgraf 2015, S. 6.)

Bezeichnung	Definition	Ausgeführt durch
Nebenerwerbs-selbstständig	Eine Person, die in einem Angestelltenverhältnis arbeitet und ein Unternehmen besitzt	Piorkowski et al. (2013)
Part-Time Entrepreneur (1)	Eine Person, die gelegentlich in einem Angestelltenverhältnis arbeitet und den Rest der Zeit in ihrem eigenen Unternehmen	Petrova (2010) (2012)
Part-Time Entrepreneur (2)	Eine Person mit einer nicht unternehmerischen Haupttätigkeit, die maximal 35 Wochenstunden nebenberuflich selbstständig arbeitet und deren Unternehmen maximal 50 % des Gesamteinkommens betragen darf	Inmit (2013)
Hybrid Entrepreneur	Eine Person, die in einem Angestelltenverhältnis arbeitet und ein Unternehmen besitzt	Burmeister-Lamp et al. (2012)

unternehmerischen Hauptbeschäftigung nachgeht und maximal 35 h die Woche für das eigene Unternehmen arbeitet, sowie gleichzeitig durch diese Nebenbeschäftigung nicht mehr als 50 % seines Einkommens erzielen darf.[5]

Neben dem Part-Time Entrepreneur findet auch der Begriff des Hybrid-Entrepreneur regelmäßig Anwendung.[6] Dieser meint allein die gleichzeitige Dualität von Angestelltenverhältnis und eigener selbstständiger Tätigkeit.

1.2 Begriffserläuterung Sidepreneur

▶ Unter einem Sidepreneur wird eine Person verstanden, die neben der beruflichen Haupttätigkeit, ihrer unternehmerischen Leidenschaft nachgeht. Meist sind Sidepreneure hauptberuflich abhängig beschäftigt, jedoch werden auch Menschen, die sich in einem Studium oder in einer Aus-/Weiterbildung befinden und zumindest temporär einem Sidepreneurship nachgehen zu dieser Gruppe hinzugezählt. Auch Personen, die ihren Haupterwerb aus einer selbstständigen Tätigkeit beziehen, daneben aber ein weiteres unternehmerisches Projekt verfolgen, werden der Bezeichnung zugeordnet.

---

[5]Vgl. Inmit 2013, S. 14.
[6]Vgl. Burmeister-Lamp et al. 2012, S. 456 f.

Tab. 1.2 Beispiele für Sidepreneurship

Haupttätigkeit	Sidepreneurship
Angestellter Marketing-Manager	E-Commerce-Händler
Journalismus-Studentin	Freelancer im Bereich Texterstellung
Selbstständiger Energieberater	Keynote-Speaker für das Thema Nachhaltigkeit

Tab. 1.3 Kein Sidepreneurship (Beispiele)

Haupttätigkeit	Nebentätigkeit
Angestellte Unternehmensberaterin	Investitionen am Aktienmarkt
Auszubildender im Einzelhandel	Kellner in der Gastronomie
Landwirt	Vermietung einer Wohnimmobile

Diese Personengruppe hat eine hohe intrinsische Motivation, eigene Ideen selbstbestimmt und eigenverantwortlich umzusetzen. Aufgrund von geringerer Risikobereitschaft und finanziellen Abhängigkeiten, bevorzugt ein Sidepreneur jedoch die Marktfähigkeit der eigenen Dienstleistung oder des eigenen Produktes ohne finanziellen Erfolgsdruck zu testen.[7]

Aufgrund dieser Eigenschaften wirken diese Persönlichkeiten oftmals auch in der abhängigen beruflichen Haupttätigkeit als innovative Elemente in der Mitarbeiterstruktur.[8]

1.2.1 Sidepreneur-Typen

Wie bereits in der Begriffserläuterung dargelegt, gibt es unterschiedliche Sidepreneur-Typen, die den unternehmerischen Nebenerwerb gemein haben. Die Differenzierung erfolgt in diesem Fall über die berufliche Haupttätigkeit. So wird hier zwischen den Personen im Angestelltenverhältnis, denen die noch im Bildungssystem vorzufinden sind und den Multiunternehmern unterschieden (siehe Tab. 1.2 und 1.3).

---

[7]Vgl. Abschn. 3.6.
[8]Vgl. Marshall et al., S. 3106.

1.3   Abgrenzung der Begriffe Sidepreneurship und Side Hustle

Aufgrund der Recherche in Foren, auf Webseiten, durch den Besuch von Gründungs-veranstaltungen, sowie durch die Suchvolumina innerhalb der Suchmaschine Google erschloss sich den Autoren das Bild, dass im anglo-amerikanischen Sprachraum die Begrifflichkeit des „Side Hustle" für Einkommen aus dem Nebenerwerb sehr geläufig ist. So beschreibt z. B. Guillebeau in seinem gleichnamigen Buch ein Side Hustle als ein Projekt, welches ein zusätzliches Einkommen generiert und in der Regel neben einem anderen Hauptberuf umgesetzt wird.[9]

Er sieht in dieser Art des Zuverdienstes nicht nur eine Erhöhung des eigenen Einkommens, sondern darin die Antwort auf eine Arbeitswelt mit immer prekärer werdenden Beschäftigungsverhältnissen. So bezeichnet er den Side Hustle-Ansatz als neue Absicherung des eigenen Jobs. Wer Einkommen aus verschiedenen Quellen bezieht macht sich weniger abhängig und kann freiere berufliche Entscheidungen treffen, so Guillebeau.

Wo liegt nun aber der Unterschied zwischen Side Hustle und Sidepreneurship? Ein Sidepreneur kann durchaus ein Side Hustle betreiben, da aber Letzteres nicht zwangsweise eine unternehmerische Tätigkeit voraussetzt, sollten diese Begriffe keinesfalls gleichgesetzt werden.

Laut den Autoren des Buches „Part-Time Entrepreneurship" unterscheidet sich ein nebenberuflicher Unternehmer von einem Side Hustler auch aufgrund verschiedener Verantwortlichkeiten, Handlungsweisen und durch seine Denkweise.[10] Wegen der hohen Deutungsüberschneidungen von Part-Time Entrepreneurship und Sidepreneurship können die Begriffe im Fall der Abgrenzung zu Side Hustle synonym verwendet werden.

So wurden zwei entscheidende Differenzierungen vorgenommen. Zunächst wird das Ziel, beziehungsweise der Zweck der Tätigkeit, angeführt. Während es beim Side Hustle vornehmlich darum geht, einen Zuverdienst zu erzielen, ungeachtet der Einkommensquelle und- art, besteht beim nebenberuflichen Unternehmertum die Motivation darin, seine eigenen Fähigkeiten zu monetarisieren und gleichzeitig seiner eigenen Leidenschaft nachzugehen. Hierbei wird eine Infrastruktur aufgebaut, die dem Unternehmer mittelfristig beispielsweise ermöglicht seine Arbeitszeit im Hauptberuf zu reduzieren oder diesen gar ganz aufzugeben.

---

[9]Vgl. Guillebeau, C. 2017, S. 2.
[10]Vgl. Jean-Paul, R. et al. 2017, S. 18 f.

Als weiteres Differenzierungsmerkmal spielt das Geschäftsmodell eine entscheidende Rolle. Während der Sidepreneur die eigene Unternehmensstrategie selbst festlegen und gegebenenfalls Anpassungen am eigenen unternehmerischen Konzept vornehmen kann, ist der Side Hustler in vielen Fällen in diesen Entscheidungen nicht frei. So wird das Beispiel eines Uber Fahrers ins Feld geführt, der auf Gedeih und Verderb den Vorgaben des US-amerikanischen Dienstleistungsunternehmens ausgeliefert ist.

Sidepreneurship eine Side Hustle Form von vielen

Abschließend bleibt festzustellen, dass insbesondere im anglo-amerikanischen Sprachraum die Begrifflichkeiten Side Hustle und Part-Time Entrepreneurship bzw. Sidepreneurship gleichermaßen für die Bezeichnung von nebenberuflichem Unternehmertum verwendet werden, letztere jedoch im eigentlichen Sinne nur einen Teil des Spektrums von Side Hustles darstellt.

1.4 Vor- und Nachteile von Sidepreneurship

Nicht für Jeden ist es möglich oder gar erstrebenswert, seine hauptberufliche Tätigkeit aufzugeben und Vollzeit ein eigenes Unternehmen zu gründen.

Die Ursachen dafür sind vielfältig und reichen vom Scheuen des finanziellen Risikos bis hin zur Angst durch das mögliche Scheitern des eigenen Unternehmens eine negative gesellschaftliche Stigmatisierung zu erfahren. Auf viele dieser verhindernden Ursachen von Unternehmertum kann Sidepreneurship eine Antwort sein.[11]

Im Folgenden werden nun sowohl die Vor- als auch die Nachteile von nebenberuflichem Gründen herausgearbeitet.

Sidepreneure haben die Chance sich durch die eigenen Projekte ein Stück weit selbst zu verwirklichen und gleichzeitig ein zusätzliches Einkommen zu schaffen, was ihnen wiederum eine größere finanzielle Freiheit ermöglicht. So kann sich durch ein erfolgreiches nebenberufliches Projekt eine gewisse monetäre Unabhängigkeit von der beruflichen Haupttätigkeit einstellen und somit sogar vor Einkommensausfall bei Jobverlust absichern. Auch das Risiko wird reduziert, denn durch das Angestelltenverhältnis ist das eigene Einkommen zunächst gesichert und kann sogar zu einer Querfinanzierung des Gründungsvorhabens genutzt werden.[12]

---

[11]Vgl. Abschn. 3.5.

[12]Vgl. Petrova 2005, S. 3.

Nicht zu vernachlässigen ist auch die Tatsache, dass angestellte Arbeitnehmer in Deutschland über ihre Haupterwerbstätigkeit und den Arbeitgeber in der Regel bereits sozialversichert sind.[13] Auch die Angst vor dem Scheitern des Gründungsvorhabens wird reduziert, da zum einen wie bereits erwähnt eine finanzielle Absicherung vorliegt, zum anderen aber auch die Angst vor gesellschaftlichem Statusverlust durch den Hauptberuf abgemildert wird.

Auf der anderen Seite schlagen aber eine meist höhere Arbeitsbelastung durch Haupt- und Nebentätigkeit, sowie weniger Zeit für Familie und Freunde zu Buche. Eine eingeschränkte zeitliche Verfügbarkeit des Sidepreneurs kann zudem dazu führen, dass das Vertrauen in die angebotene Dienstleistung oder das Produkt von Geschäftspartnern und Kunden angezweifelt wird. Zuletzt sollte auch der emotionale Schmerz nicht vergessen werden, der gerade bei einem möglichen Scheitern eines durch persönliche Leidenschaft motivierten unternehmerischen Projektes entstehen kann.[14]

1.5   Exkurs: Sidepreneurship als Teil der New Work Bewegung

New Work stellt heute einen Sammelbegriff für neuartige Arbeitsmodelle und Arbeitsformen dar. Da unsere Arbeitswelt seit dem Beginn der Globalisierung und später auch durch die Digitalisierung einem starken Wandel unterliegt, kann die New Work-Bewegung als Konsequenz dieser Entwicklung gesehen werden.[15]

Der Begriff geht auf den austro-amerikanischen Sozialphilosophen Bergmann zurück. Dieser hatte bereits in den Siebzigerjahren sein Theoriekonzept zur „Neuen Arbeit" entwickelt und seitdem immer wieder durch neue Aspekte erweitert und konkretisiert. Ein zentrales Element dieser Theorie stellt das Überdenken des Freiheitsbegriffs dar.[16] Laut Bergmann wird in unserer Kultur fälschlicherweise Freiheit mit Ungehemmtsein gleichgesetzt. So führe dieses Konzept der wahllosen Freiheit dazu, dass allem das gleiche Gewicht zugesprochen werde und somit Freiheit trivialisiert wird. Bezogen auf die ausgeführten Tätigkeiten sollten Menschen die Freiheit haben diese auszuwählen, die für sie bedeutend

---

[13]Vgl. Kohlberg 2016, S. 4 f.
[14]Vgl. Abschn. 3.6.
[15]Vgl. Wirsing 2018, o.S.
[16]Vgl. Bergmann 1977, o.S.

und wesentlich sind.[17] Es geht also nicht darum jeder beliebigen Arbeit nachgehen zu können, sondern derjenigen, die ein Mensch als sinnstiftend empfindet. Weitere zentrale Prinzipien der New Work-Theorie sind durch kreative Freiräume, selbstständiges Arbeiten und Teilhabe an der Gemeinschaft etwas Wesentliches zum Arbeitsmarkt beitragen zu können.

Die dem Sidepreneurship zugrunde liegende Geisteshaltung und die Ausgestaltung der vielfältigen individuell persönlich sinnstiftenden Unternehmungen lassen sich klar der New Work-Bewegung zuordnen. Die in diesem Buch in Kap. 3 dargelegte quantitative Umfrage zeigt, dass 66,7 % der Sidepreneure aus persönlicher Erfüllung oder aus Überzeugung für die eigene Idee gründen. Sie schlagen den Weg in die nebenberuflich selbstständige Tätigkeit also ein, um einer für sie bedeutenden Arbeit nachzugehen. Weiter erörtert Kap. 4, welchen positiven Einfluss Sidepreneurship auf etablierte Unternehmen haben und somit den heutigen Arbeitsmarkt verändern kann oder bereits aktiv wandelt.

Bestätigt wurde dieser Ansatz zuletzt auch im Jahr 2019. Für sein Wirken zur Förderung von nebenberuflichen Unternehmertum und der Vernetzung von Sidepreneuren wurde Peter Lutsch stellvertretend für die Plattform sidepreneur. de, die er zusammen mit Juliane Benad gegründet hat und betreibt, von dem führenden deutschen sozialen Netzwerk für berufliche Kontakte – XING – mit dem renommierten New Work Award in der Kategorie New Worker ausgezeichnet. Laut Angaben von XING ist der Award, der 2019 bereits zum fünften Mal vergeben wurde, die renommierteste Auszeichnung für alle jene, die sich für die positive Veränderung der Arbeitswelt verdient machen.[18] Weiter heißt es der Award zeigt die beeindruckende Vielfalt der New Work-Bewegung und die Eigenschaften die alle Akteure verbindet: Leidenschaft, Kreativität und Mut.

Fazit

Sidepreneurship kann als ein praktischer Teilaspekt der New Work-Bewegung angesehen werden. Durch die selbstständige Arbeit und den kreativen Ansatz sich unternehmerisch mit persönlich sinnstiftenden Tätigkeiten, zu beweisen, trägt nebenberufliches Gründen aktiv zu einer Veränderung unserer Arbeitswelt bei.

---

[17]Vgl. Bergmann 1990, S. 2.
[18]Vgl. XING New Work Award Verleihung 2019.

Sidepreneurship in Zahlen: Wie unterscheiden sich nebenberufliche Gründungen in unterschiedlichen Volkswirtschaften?

Nachdem zunächst die unterschiedlichen Begriffe voneinander abgegrenzt und eine Definition für Sidepreneurship entwickelt wurde, soll es in diesem Kapitel darum gehen, die Gründungszahlen in verschiedenen Volkwirtschaften näher zu betrachten. Wie verhält es sich bei den Neugründungen in Teilzeit im Vergleich zu den Vollzeitgründungen und welchen Impact haben sie auf die Wirtschaft? Welche Unterschiede gibt es in verschiedenen Volkswirtschaften? Gibt es signifikante Unterschiede oder lässt sich ein Trend erkennen?

Als Erstes wird ein Blick auf Deutschland geworfen.

2.1 Das Gründungsgeschehen in Deutschland

Bis 2018 ist die Zahl der Neugründungen kontinuierlich zurückgegangen. Laut KFW Report 2019 hat sich die Gründungstätigkeit in Deutschland allerdings stabilisiert.[1] Was bedeutet das konkret? Die gute konjunkturelle Lage verbunden mit einer hohen Nachfrage an Fachkräften auf dem Arbeitsmarkt, bürokratische Hürden und die geringe Risikobereitschaft der Deutschen im europäischen Vergleich begünstigten mit Sicherheit die geringere Gründungsbereitschaft der Deutschen. Die Zahl der Neugründungen lag demnach bei 547.000 im Jahr 2018.

---

[1]Vgl. KfW-Gründungsmonitor 2019, S. 1.

© Der/die Herausgeber bzw. der/die Autor(en), exklusiv lizenziert durch Springer Fachmedien Wiesbaden GmbH, ein Teil von Springer Nature 2020
S. Pioch et al., *Sidepreneurship*, essentials,
https://doi.org/10.1007/978-3-658-31505-4_2

Das sind rund 10.000 (-2 %) weniger[2] im Vergleich zum Vorjahr und rund 40 % weniger als noch im Jahr 2014 mit 915.000 Neugründungen.[3]

2.1.1 Positive Entwicklung bei den nebenberuflichen Gründungen in Deutschland

Während die Gründungstätigkeit von Voll- und Nebenerwerbsgründungen im Jahr 2018 so ausgewogen wie nie waren (Vollerwerbsgründer 255.000 und Nebenerwerbsgründer 292.000)[4], ließ sich im Jahr 2019 ein positiver Trend bei den nebenberuflichen Gründungen erkennen. Von den 605.000 Neugründungen insgesamt (Vollzeit- und Nebenerwerbsgründungen) ging die Zahl der Vollerwerbsgründungen auf 228.000 zurück. Die Zahl der Nebenerwerbsgründungen stieg hingegen auf 377.000 (+85.000). Die Zahlen zeigen, dass der Weg in die Selbstständigkeit bevorzugt nebenberuflich gestartet wird. Die Talfahrt scheint hier durchbrochen, nachdem sich die Zahl der Teilzeitgründungen von 2013 bis 2018 fast halbiert hatte (siehe Abb. 2.1).[5]

Ausblick auf 2020 In den Daten für 2019 ist ein erneuter Anstieg an Gründungsplanungen zu erkennen[6], was als positives Signal für die Gründungstätigkeit 2020 zu werten wäre. Durch die Corona-Pandemie könnte dies jedoch hinfällig sein. Es ist zu befürchten, dass die Zahl der Notgründungen in diesem Jahr steigt, vermutlich werden wegen der Unsicherheiten aber auch deutlich mehr Gründungspläne wieder aufgegeben oder verschoben.[7] Es liegt die Vermutung dennoch nahe, dass gerade nebenberufliche Gründungen ansteigen, um sich ein zweites finanzielles Standbein aufzubauen. Die Autoren stützen diese Vermutung auf ihre Beobachtungen, die sie seit dem Beginn der Corona-Pandemie machen konnten. So konnten sie einen Anstieg an Beitrittsanfragen für ihre Sidepreneur-Facebook-Community beobachten. Des Weiteren gaben die Teilnehmer der Sidepreneur-Studie 2020 ab Beginn der Corona-Krise vermehrt an, sich ein zweites finanzielles Standbein aufbauen zu wollen.

---

[2]Vgl. ebd.
[3]Vgl. ebd.
[4]Vgl. KfW Research 2020, o.S.
[5]Vgl. ebd.
[6]Vgl. ebd.
[7]Vgl. ebd.

Wieder mehr Existenzgründungen in Deutschland, deutliche Zunahme im Nebenerwerb, neuer Tiefpunkt dagegen im Vollerwerb

Anzahl Existenzgründungen in Tausend

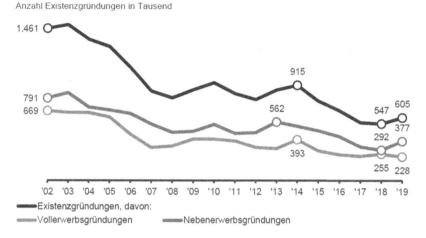

Existenzgründungen, davon:
Vollerwerbsgründungen   Nebenerwerbsgründungen

Abb. 2.1   Entwicklung nebenberuflicher Gründungen

2.1.2   Weibliche Gründungen

Ein weiterer wichtiger Aspekt ist, dass die Zahl der weiblichen Gründerinnen im Jahr 2018 um 4 % auf 216.000 gestiegen ist.[8] Die Gründerinnenquote kletterte demnach auf 40 % nachdem sie zwei Jahre in Folge sank. Der Anteil stieg allerdings besonders bei den Vollerwerbgründungen von 29 % auf 38 % deutlich an. Die Zahl der Teilzeitgründungen durch Frauen blieb nahezu unverändert bei 41 %.[9]

In Teilzeit zu gründen ist bei Frauen demnach viel beliebter als die Vollzeitgründung. Hierbei kann es sich um eine Gründung in Teilzeit neben dem Angestelltenjob, eine Gründung während der Elternzeit oder als Erwerbslose im Zuerwerb handeln. Bei letzterem lässt sich allerdings eher vermuten, dass das Erzielen von zusätzlichem Einkommen die Hauptmotivation gegenüber dem Testen oder Verfolgen einer Business-Idee ist, sodass man hier eher von einem Side Hustle ausgehen könnte.

---

[8]Vgl. KfW Gründungsmonitor 2019, S. 2 f.
[9]Vgl. ebd.

2.1.3 Branchenstruktur

Die Branchenstruktur bleibt nahezu unverändert.[10] Zwei Drittel der Gründer sind Dienstleister: wirtschaftliche (27 %), persönliche (31 %) und sonstige Dienstleistungen (9 %). 19 % der Gründer betreiben Handel und 14 % gehören dem produzierenden Gewerbe an.[11] Es liegen keine aktuellen Erhebungen explizit zu nebenberuflichen Gründungen nach Branchen vor. In einer Studie von 2013 im Auftrag des Bundesministeriums für Wirtschaft und Technologie wurde angegeben, dass nebenberufliche Gründungen zumeist in Dienstleistungen erfolgen wie z. B. Unternehmensberatungen, Werbeagenturen, Unterricht, Kultur, Medien und IT.[12]

2.2 Österreich

Wie sah die Gründungstätigkeit im Nachbarland Österreich aus? Laut Wirtschaftskammer Österreich wurden 2019 mehr als 39.000 Unternehmensgründungen in Vollzeit verzeichnet.[13] Hier ist ein ganz leichter Anstieg von 0,1 % im Vergleich zum Vorjahr zu erkennen.[14] Die Zahlen beziehen sich auf sogenannte „echte Gründungen" im Bereich der österreichischen Wirtschaftskammern, d. h. ohne Betriebsübernahmen, Rechtsformänderungen, kurzfristige Löschungen oder „Ruhendmeldungen", Filialgründungen etc. Die Zahl der selbstständig Erwerbstätigen lag bei rund 482.700, ein Anstieg um 14.600 im Vergleich zum Vorjahr.[15]

2.2.1 Österreichische Gründerinnen

Bei den Einzelunternehmen kann eine Unterscheidung nach Geschlecht vorgenommen werden. Der Frauenanteil bei den Neugründungen lag hier im Jahr 2019 bei 55,9 %.[16] Dieser hohe Frauenanteil ist eine Konsequenz der

---

[10]Vgl. KfW Gründungsmonitor 2019, S. 7.

[11]Vgl. ebd.

[12]Vgl. Institut für Mittelstandsökonomie an der Universität Trier, 2013, o.S.

[13]Vgl. Oschischnig, U., Wirtschaftskammer Österreich, 2019, o.S.

[14]Vgl. ebd.

[15]Vgl. Statistik Austria 2019, o.S.

[16]Vgl. ebd.

Änderung der Rechtslage und der Berücksichtigung der selbstständigen Personenbetreuung in den Gründungsdaten. Der Frauenanteil ohne selbstständige Personenbetreuung liegt bei 45,5 %.[17] Frauen sind bei den Unternehmensgründungen in Österreich auf Rekordkurs. Während der Anteil an den Gesamtgründungen im Jahr 2010 noch bei 39,9 % lag nahm die Zahl stetig zu bis auf 45,5 % der Neugründungen im Jahr 2019.[18]

Die 20 am stärksten besetzten Branchen von Frauen in Österreich sind im Bereich der Personenbetreuung und Beratung (94,4 %), im kosmetischen Bereich (88,9 %), Direktvertrieb (87,3 %), Mode und Bekleidung (86,6 %), persönliche Dienstleistungen (78,2 %) und Kunsthandwerk (72,3 %). Eine dominierende Branche bei den Männern ist Unternehmensberatung, Buchhaltung und Informationstechnologie.[19]

In Österreich gab es 2019 rund 1000 Start-up-Gründerinnen und 4500 Start-up-Gründer.[20] Der Anteil der Gründerinnen ist im Vergleich zum Vorjahr von 12 % auf 18 % gestiegen. Mittlerweile hat jedes dritte Start-up zumindest eine Frau im Gründungsteam.[21]

2.2.2 Gründungen nach Branchen

50 % aller Neugründungen waren den Bereichen Gewerbe und Handwerk zuzurechnen.[22] Den zweithöchsten Anteil verzeichnete der Handel mit 23 %, gefolgt von Information und Consulting mit 16 %.[23] 7 % fielen auf Tourismus und Freizeit und 4 % auf Transport und Verkehr.[24] Im Bereich der Branchen lässt sich ein signifikanter Unterschied zu Deutschland feststellen.

---

[17]Vgl. ebd.
[18]Vgl. Oschischnig, U., Wirtschaftskammer Österreich, 2019, o.S.
[19]Vgl. Statistik Austria 2019, o.S.
[20]Vgl. AIT Austrian Institute of Technology GmbH, 2019, o.S.
[21]Vgl. ebd.
[22]Vgl. Statistik Austria 2019, o.S.
[23]Vgl. ebd.
[24]Vgl. ebd.

2.3   Schweiz

Die Schweiz hat 2019 ein Rekordjahr bei den Neugründungen verzeichnen können.[25] Es waren in jenem Jahr 44.482 Neugründungen, was einen Anstieg von 3 % im Vergleich zum Vorjahr bedeutet. In dieser Statistik erfasst sind nur tatsächlich neu entstandene Unternehmen mit marktwirtschaftlicher Tätigkeit. Als Gründe für den Anstieg der Gründungszahlen wurden vor allen Dingen der Anstieg an Teilzeitgründungen und die niedrigen Zinsen genannt.[26] Ähnliche Zahlen veröffentlichte auch das Online-Portal Start-up.ch.[27] Immer mehr Unternehmensgründer starten nebenberuflich und reduzieren je nach Erfolg ihres Unternehmens ihre Arbeitszeit im Angestelltenverhältnis. Besonders im Bereich Onlinehandel als auch im handwerklichen Bereich sei in der Schweiz diese Beobachtung zu machen.[28]

2.3.1   Gründerinnen in der Schweiz

Mehr als Dreiviertel aller Schweizer Start-ups wurden 2019 von Männern gegründet. Das bedeutet, dass gerade einmal 25 % der Start-ups von Frauen initiiert wurden.[29] Im Artikel wird nicht zwischen Voll- und Teilzeitgründungen unterschieden. Als Gründe dafür, dass es auch in der Schweiz an weiblichen Gründerinnen fehle, werden strukturelle Probleme genannt. Es fehle an Tagesstrukturen für Kinder und läge auch daran, dass es keine Elternzeit gäbe. Außerdem würden kaum Männer in Teilzeit arbeiten.[30]

---

[25]Vgl. IFJ Institut für Jungunternehmen AG, 2020, o.S.
[26]Vgl. ebd.
[27]Vgl. KEYSTONE-SDA-ATS AG, 2019, o.S.
[28]Vgl. ebd.
[29]Vgl. IFJ Institut für Jungunternehmen AG, 2020, o.S.
[30]Vgl. Kündig, C., 2018, o.S.

Tab. 2.1 Branchen mit den meisten Neugründungen

	2019	Zuwachsrate
Handwerk	710	17,4 %
Weitere Dienstleistungen	577	−6,2 %
Detailhandel	348	−7,2 %
Beratung	290	10,3 %
Gastronomie	276	21,9 %

2.3.2 Diese Branchen dominieren bei den Neugründungen

Die Branchen mit den meisten Gründungen in der Schweiz im Jahr 2019 stellt nachfolgende Tabelle dar (siehe Tab. 2.1):[31]

In der Start-up-Szene werden die meisten Unternehmen in hoch innovativen Branchen wie Finanzen, Fintech und IT gegründet. Hier ist der Frauenanteil sehr gering. Schweizer Frauen gründen eher in den Bereichen Life Science, Dienstleistungen, Food und Kreativwirtschaft. Start-ups mit diesen Ausrichtungen haben auch einen höheren Frauenanteil.[32]

Fazit

Zusammenfassend lässt sich feststellen, dass in den Erhebungen zu Neugründungen in der D-A-CH-Region oftmals nicht explizit in nebenberufliche – und Vollzeitgründungen unterschieden wird. Man kann erkennen, auch wenn sich deutlich mehr Männer entscheiden unternehmerisch oder selbstständig tätig zu sein, dass gerade bei Frauen, der Weg in die Selbstständigkeit bevorzugt über eine nebenberufliche Gründung gestartet wird. Männer gründen eher im Tech-Bereich bei dem Wachstum und Skalierung im Vordergrund stehen, während Frauen eher im kreativen – und Dienstleistungsbereich gründen.

---

[31]Vgl. Enz, K., 2020, o.S.
[32]Vgl. Kündig, C., 2018, o.S.

Ergebnisse einer quantitativen Umfrage

3

Im Folgenden werden die Ergebnisse einer quantitativen Umfrage diskutiert, welche die Autoren von März bis April 2020 durchgeführt haben. Ziel der Umfrage war es, erste Eindrücke hinsichtlich der demografischen Hintergründe, der Motive sowie der Herausforderungen zu erlangen, denen sich Sidepreneure ausgesetzt sehen. Somit handelt es sich um eine Umfrage mit deskriptiver Zielsetzung.

3.1 Beschreibung der Stichprobe

Die Stichprobe setzt sich aus einer homogenen Gruppe zusammen. Dabei handelt es sich um Teilnehmende, die grundsätzlich Interesse daran haben, nebenberuflich unternehmerisch tätig zu sein, oder aber dies bereits sind. Vorwiegend wurde die Stichprobe über die durch die Autoren betriebene Plattform sidepreneur.de erhoben. Darüber hinaus wurden folgende Kanäle genutzt:

- ein eigens verfasster Newsletter der sidepreneur.de-Plattform
- die Social-Media-Profile der sidepreneur.de-Plattform und
- die privaten Accounts der Autoren als da wären: Twitter, LinkedIn, XING, Facebook und Instagram

Insgesamt beträgt die Größe der Stichprobe $n = 230$. Zu Beginn der Umfrage wurde jedoch gefragt, ob die Teilnehmenden bereits nebenberuflich tätig seien, oder nicht. Die dadurch stattfindende Konsolidierung teilte die Stichprobe in zwei Gruppen und zwar in jene, die bereits unternehmerisch tätig sind und jene, die

dies verneinten. Ziel war es mithin auch etwaige Gründe zu erheben, die grundsätzlich am Sidepreneurship Interessierte daran hindern, entsprechend aktiv zu
werden. Es ergeben sich demnach zwei Gruppen innerhalb der Stichprobe. Die
Gruppe der bereits nebenberuflich Aktiven hatte eine Größe von $n = 135$ und die
noch nicht Aktiven eine Größe von $n = 95$.

Da es sich um die Erforschung einer spezifischen homogenen Gruppe mit
vorwiegend deskriptiver Zielsetzung handelt, kann die Umfrage mithin als
repräsentativ angesehen werden.[1]

3.2   Demografische Merkmale und Status

Im ersten Abschnitt der Umfrage ging es darum, herauszufinden, ob die Teilnehmenden bereits nebenberuflich unternehmerisch tätig sind und welche
demografischen Merkmale sie kennzeichnen. Die Prozentangaben werden im
Folgenden auf die erste Nachkommastelle gerundet.

3.2.1   Status und berufliche Situation

In der ersten Frage wurden die Teilnehmenden gebeten anzugeben, ob sie
bereits nebenberuflich unternehmerisch tätig sind. Diese Frage wurde von allen
beantwortet, $n = 230$. Dabei kam heraus, dass 58,7 % bereits nebenberuflich
unternehmerisch tätig sind. 37,4 % verneinten dies, könnten sich jedoch eine
nebenberufliche unternehmerische Tätigkeit vorstellen. Der Rest, 3,9 %, verneinte
die Frage und gab an, dass eine nebenberufliche unternehmerische Tätigkeit nicht
infrage kommt (siehe Abb. 3.1).

Anschließend wurde u. a. erhoben, inwieweit jene, die angegeben haben,
bereits nebenberuflich unternehmerisch tätig zu sein, im Hauptjob angestellt
sind, oder etwa ob die Haupttätigkeit ebenfalls in einer selbstständigen Arbeit
erfolgt. Die Stichprobe wurde ab dieser Frage in jene aufgeteilt, die bereits unternehmerisch tätig sind und in diejenigen, die sich bislang eine nebenberufliche
Selbstständigkeit nur vorstellen können. Daher beziehen sich die nachfolgenden
Angaben nur auf einen Teil der Stichprobe, in diesem Fall auf $n = 136$.

Die überwiegende Mehrheit, 71,3 %, gab an, dass sie sich in einer Festanstellung befindet und nebenberuflich tätig ist. 22,8 % geht sowohl haupt- als auch

---

[1]Vgl. Jacob et al. 2019, S. 73.

F1 Bist du nebenberuflich selbstständig oder nebenberuflich Unternehmer*in?

Abb. 3.1 Status unternehmerisch tätig oder nicht

nebenberuflich einer selbstständigen Tätigkeit nach. Ein kleiner Teil von 3,7 % gab an, fest angestellt zu sein und sich für das Thema nebenberufliche Gründung zu interessieren. Hier darf wohl mit Verweis auf die zuvor gestellte Frage (Status) davon ausgegangen werden, dass die Aufnahme einer nebenberuflichen unternehmerischen Tätigkeit unmittelbar bevorsteht (siehe Abb. 3.2).

3.2.2 Alter, Geschlecht und familiärer Hintergrund

Die nächsten Fragen erhoben zunächst das Alter der Teilnehmenden. Mit 43,9 % waren die meisten zwischen 36 und 45 Jahre alt. 33,3 % gaben an, zwischen 25 und 35 Jahre alt zu sein, wohingegen 17,9 % dem Altersbereich zwischen 46 und 60 Jahren entstammten. Lediglich 3,25 % waren jünger als 25 Jahre alt, bzw. 1,6 % waren älter als 60 Jahre (siehe Abb. 3.3).

Um einen Eindruck davon zu bekommen, wie hoch der Anteil derer ist, die einen Migrationshintergrund haben, wurde gefragt, ob sie selbst oder mindestens eines ihrer Elternteile bei Geburt **nicht** die deutsche Staatsangehörigkeit hatten. Die Umfrage mit einer Beteiligung von n = 123 ergab folgendes Ergebnis (siehe Abb. 3.4):

F2 Welche der folgenden Aussagen trifft auf deine aktuelle berufliche Situation am ehesten zu?

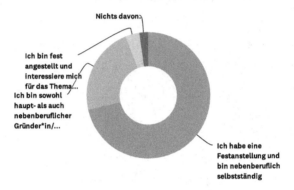

Abb. 3.2 Aktuelle berufliche Situation

F4 Wie alt bist du?

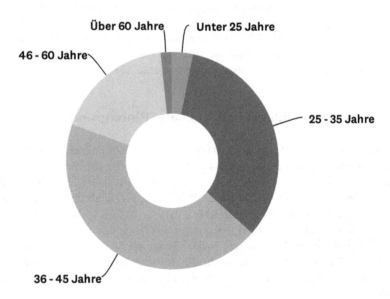

Abb. 3.3 Alter der bereits aktiven Sidepreneure

F6 Hattest du selbst oder mindestens eines deiner Elternteile bei Geburt
nicht die deutsche Staatsangehörigkeit?

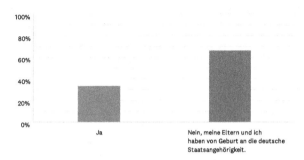

Abb. 3.4   Deutsche Staatsangehörigkeit

3.2.3   Bildung und Einkommen

Die Teilnehmenden wurden nun gebeten, ihren höchsten Bildungsgrad anzugeben. Dabei wurde herausgefunden, dass 25,2 % einen Diplomabschluss haben,
22,7 % einen Master halten und 18,7 % das Abitur oder die Fachhochschulreife als
höchsten Bildungsgrad angaben. 17,9 % verfügen über einen Bachelorabschluss,
8,1 % über einen Realschulabschluss bzw. über die mittlere Reife, 5,7 % haben
promoviert und 1,6 % besitzen den Hauptschulabschluss (siehe Abb. 3.5).

Die Frage nach dem Einkommen beantworteten aus der Gruppe der bereits
nebenberuflich unternehmerisch Tätigen ebenfalls 123 Teilnehmende. Die nach-
stehende Abbildung verdeutlicht, dass der Großteil der Befragten über ein
mittleres Einkommen verfügt (siehe Abb. 3.6).

F7 Was ist dein höchster Bildungsgrad, den du bisher erlangt hast?

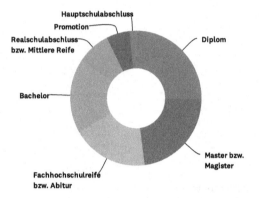

Abb. 3.5 Höchster Bildungsabschluss

F8 Wie hoch ist dein durchschnittliches netto Haushaltseinkommen ungefähr? (Alle Antworten sind anonym.)

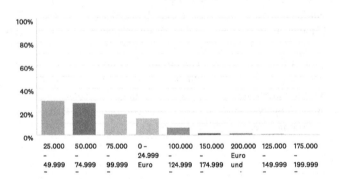

Abb. 3.6 Einkommen

3.3   Motivation und Tätigkeit

In den nächsten Fragen wurde untersucht, welche Motive die Sidepreneure dazu bewogen hat, nebenberuflich unternehmerisch tätig zu werden bzw. in welcher Branche sie mit welchen Tätigkeiten arbeiten.

3.3.1 Motive und Ziele

Bezüglich der Motivation gaben 42,3 % an, dass es ihnen um eine *persönliche Erfüllung*, um ein Herzensprojekt ginge. 24,4 % gaben an, dass die *Überzeugung für eine Idee* bzw. ein Produkt das Motiv für ihre Aktivitäten als Sidepreneur sei. Für 22 % der Teilnehmenden war wiederum ein *zweites finanzielles Standbein* bzw. eine finanzielle Absicherung das ausschlaggebende Motiv.

Hier konnten die Autoren die interessante Beobachtung machen, dass vor dem durch die Corona-Pandemie ausgelösten Shutdown im ersten Quartal 2020 eine signifikante Verschiebung hin zum Motiv der *finanziellen Absicherung* stattgefunden hat. Zwar lässt sich das nicht in konkreten Zahlen belegen, aber der Effekt kann als deutlich beschrieben werden.

Das zweitschwächste Motiv wird unter *sonstiges* von 8,1 % gewählt, damit waren u. a. folgende Dinge gemeint:

- *Ich wollte nicht mehr angestellt tätig sein.*
- *Ich war zunächst selbstständig und bin dann angestellt worden. Meine Selbstständigkeit habe ich nicht aufgegeben.* (dieses Motiv wurde mehrfach genannt)
- *Entrepreneur zu werden*
- *Persönliche Freiheit – Reisen als digitaler Nomade* (als digitale Nomaden werden Menschen bezeichnet, die oftmals ohne aktuellen festen Wohnsitz durch die Welt reisen und z. B. davon leben, dass Firmen auf ihren Blogs Anzeigen schalten)
- *Eigenständigkeit* bzw. *Kein Bock mehr auf Corporate*

Das mit 3,3 % am seltensten genannte Motiv war *Lösung sozialer/ökologischer Probleme/Nachhaltigkeit* (siehe Abb. 3.7).

Als Antwortmöglichkeiten für die langfristigen Ziele ihrer nebenberuflichen unternehmerischen Tätigkeit hatten die Sidepreneure folgende Optionen:

1. Meine nebenberufliche Selbstständigkeit soll weiterhin nebenberuflich bleiben.
2. Meine nebenberufliche Selbstständigkeit soll langfristig zu meiner Haupttätigkeit werden.
3. Meine nebenberufliche Selbstständigkeit ist nur eine Übergangslösung.

Davon wählten 31,7 % der Teilnehmenden Option 1, 63,4 % Option 2 und 4,9 % Option 3 (siehe Abb. 3.8).

F9 Was war das Hauptmotiv für den Start deiner nebenberuflichen Selbstständigkeit?

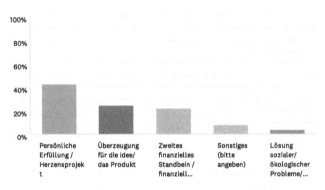

Abb. 3.7 Motive der Sidepreneure

F10 Welches langfristiges Ziel hast du dir vorgenommen?

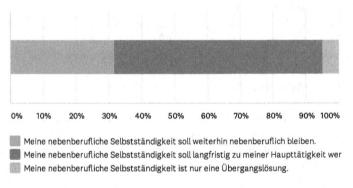

Abb. 3.8 Langfristige Ziele

3.3.2 Ausgeübte Tätigkeit und Branche

Die nächste Frage lautete, worin die nebenberufliche Selbstständigkeit besteht, welche die Sidepreneure ausüben. Hier gab die Mehrzahl der Befragten mit 42,3 % an, dass es sich um eine beratende Tätigkeit in Form einer Dienstleistung handeln würde. 21,1 % gaben an, ein eigenes Produkt bzw. eine Erfindung anzubieten oder zu entwickeln. 9,8 % wählten die Option *sonstiges,* in der dann u. a. folgendes angegeben wurde:

- *Gamification website*
- *Handwerk im Bereich der Lederverarbeitung*
- *Kindle eBook*
- *Artistin*
- *Maßanfertigung für Gardinen*
- *Immobilien-Investment*
- *Organisation eines 5-tägigen Live-Events*

Jeweils 8,1 % gaben an, in den Bereichen Handel online/offline oder als Speaker/ Lehrender tätig zu sein. Während 4,9 % als Consultant tätig sind, gaben 2,4 % der Teilnehmenden an, ein Nachhaltigkeitsprojekt in Form eines sozialen bzw. ökologischen Start-ups umzusetzen. Schließlich wählten jeweils 1,6 % der Befragten die Optionen *Influencer/Multiplikator* oder *Affiliate Marketing* als Tätigkeit aus (siehe Abb. 3.9).

F11 Worin besteht deine nebenberufliche Selbstständigkeit?

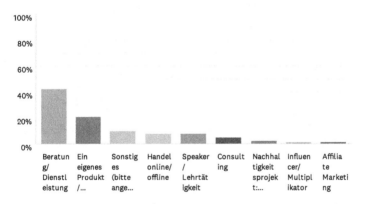

Abb. 3.9 Tätigkeiten als Sidepreneur

F12 In welcher Branche bist du nebenberuflich tätig?

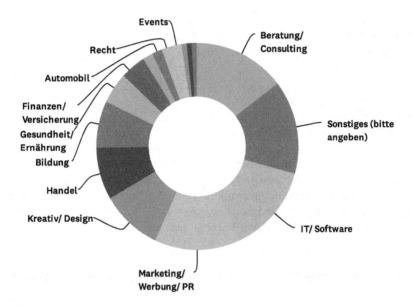

Abb. 3.10 Branchen, in denen die Sidepreneure tätig sind

Um zu erfahren, in welchen Branchen die befragten Sidepreneure tätig sind, wurden die Teilnehmenden gebeten, entsprechende Angaben zu machen. Dies ergab folgende Ergebnisse (siehe Abb. 3.10):

- Beratung/Consulting: 14,6 %
- Sonstiges: 14,6 % darin wurden u. a. folgende Branchen genannt:
  - Maschinenbau
  - Kaffee
  - Sport
  - Übersetzungen
  - Innovation
  - Fahrradzubehör
  - Virtuelle Assistenz
  - App-Entwicklung

– Gesundheit und Prävention
– Medien/Journalismus

* *IT/Software* sowie *Marketing/Werbung/PR:* jeweils 13,8 %
* Kreativ/Design: 9,8 %
* Handel 8,1 %
* Bildung: 7,3 %
* Gesundheit/Ernährung: 4,9 %
* Finanzen/Versicherung: 2,4 %
* Produktmanagement; Immobilien; Automobil, Recht; Events: jeweils 1,6 %
* Handwerk, Tourismus, Technologie: jeweils 0,8 %

3.4   Zeitlicher Aufwand, Personenanzahl und Umsatzzahlen

In diesem Abschnitt wird untersucht, wie viel Zeit die Sidepreneure durchschnittlich pro Woche für ihre nebenberufliche unternehmerische Tätigkeit aufwenden würden, ob sie allein oder im Team arbeiten und welche Umsätze sie erwirtschafteten.

Die Teilnehmenden gaben an, dass sie durchschnittlich *14 h pro Woche* als Sidepreneure tätig waren. Darüber hinaus arbeiteten die meisten Befragten allein. Die Zahl der Personen des initialen Gründungsteams betrug durchschnittlich *1,4 Personen.*

Befragt nach der *Höhe des Umsatzes pro Jahr* gab die überwiegende Mehrheit, nämlich 60,2 % der Teilnehmenden an, dass dieser unter 10.000 € betragen würde. Bei 26,8 % der Sidepreneure liegt dieser zwischen 10.000 und 30.000 €. Die verbleibende Gruppe teilt sich wie folgt auf (siehe Abb. 3.11):

* 5,7 %: 31.000 bis 50.000 €
* 2,4 %: 71.000 bis 100.000 €
* Je 1,6 %: 101.000 bis 200.000 € bzw. 201.000 bis 500.000 €
* Je 0,8 %: 51.000 bis 70.000 € bzw. 501.000 bis 1.000.000 €

▶   Damit ist zusammenfassend festzustellen, dass die Mehrheit der Sidepreneure der Gruppe der *Kleinunternehmer* zugeordnet werden kann.

F15 Wie viel Umsatz erwirtschaftest du jährlich in deiner nebenberuflichen Selbstständigkeit? (Alle Antworten sind anonym.)

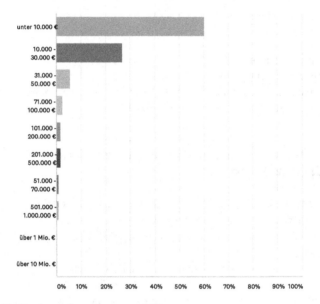

Abb. 3.11 Erwirtschaftete Umsätze pro Jahr

3.5 Finanzierung und Networking

Im Folgenden wurde der Frage nachgegangen, ob die Sidepreneure zur Umsetzung ihrer nebenberuflichen unternehmerischen Tätigkeit eine externe Finanzierung benötigten und über welche Kanäle sie sich vernetzten. Die Frage, ob die Teilnehmenden für ihre Gründung eine Finanzierung benötigten beantworteten 18,7 % mit *Ja* und 81,3 % mit *Nein*. Um nachvollziehen zu können, welche Instrumente die Sidepreneure für die Finanzierung für die Gründung verwendet hatten wurde sie diesbezüglich ebenfalls befragt, allerdings wurde diese Frage lediglich von n = 22 beantwortet. Dabei gaben 63,6 % der Teilnehmenden an, hierfür Ersparnisse oder private Darlehen verwendet zu haben.

Dass Gründerinnen und Gründer sich in der frühen Gründungsphase Geld im Familien- und Freundeskreis leihen, ist gängige Praxis und trifft

F17 Wie hast du deine Gründung (hauptsächlich) finanziert?

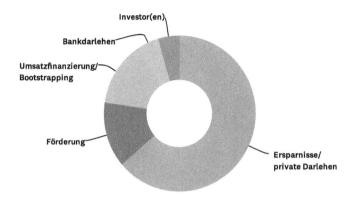

Abb. 3.12 Finanzierungsarten

auch auf Vollzeitentrepreneure zu. Diese Form wird als *Family, Friends and Fools-Finanzierung* bezeichnet (siehe Abb. 3.12).[2]

Jeweils 13,6 % der Befragten beanspruchten *Förderungen*, beziehungsweise finanzierten sie sich aus den *Umsätzen* ihrer Gründung. Jeweils 4,6 % entschieden sich für ein *Bankdarlehen* oder die Zusammenarbeit mit einem *Investor*.

Die nächste Frage versuchte herauszufinden, welches die wichtigsten Kanäle sind, um sich mit neuen Kontakten über die nebenberufliche Tätigkeit auszutauschen (siehe Abb. 3.13). Hierbei wurden folgende Angaben getätigt (es waren Mehrfachnennungen möglich):

- Persönliche Treffen (Meetups, Konferenzen etc.): 67,5 %
- Soziale Netzwerke wie Facebook oder Instagram: 56,1 %
- Berufliche soziale Netzwerke wie XING oder LinkedIn: 50 %
- Foren: 14,9 %
- Sonstiges wie z. B. Freunde, Familie, andere Gründer*innen, Kreativzentren: 14,9 %

---

[2]Vgl. Pioch und Windmüller 2020, S. 232 ff.

F18 Welche sind für dich die wichtigsten Kanäle, um dich mit neuen
Kontakten über deine nebenberufliche Tätigkeit auszutauschen?
(Mehrfachnennung möglich)

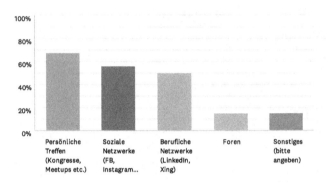

Abb. 3.13 Kanäle für den Dialog

3.6   Rahmenbedingungen und Herausforderungen

Der folgende Abschnitt geht der Frage nach, wie die Sidepreneure die Rahmenbedingungen für das nebenberufliche Gründen in Deutschland bewerten und
welche Herausforderungen sie sich gegenüber-sehen.

Zu ersterer Frage bewerteten die Teilnehmenden (n = 114) folgende
Aspekte mit den Attributen 1) *sehr positiv (unkompliziert)*, 2) *eher positiv
(meistens unkompliziert)*, 3) *eher negativ (meistens kompliziert)* bzw. 4) *negativ
(kompliziert)* (siehe Tab. 3.1 und Abb. 3.14):

Um Herauszufinden, welche Aspekte der nebenberuflichen unternehmerischen
Tätigkeit die Sidepreneure als wie herausfordernd betrachten, wurden sie
gebeten, 12 Bereiche hinsichtlich der Frage zu ordnen, wie sehr das auf sie
zutrifft. Dabei konnten sie das auf einer Skala von 1 bis 12 priorisieren, wobei
1 eine geringe und 12 eine hohe Priorität bedeutet. Dabei kam folgende Reihen-
folge zustande, die Priorität nimmt dabei von 1. bis 12. zu (siehe Abb. 3.15):

1. Aneignung von Gründungswissen
2. Personalmangel
3. Angst vor dem Scheitern
4. Unterstützung von Behörden

Tab. 3.1 Aspekte für nebenberufliche Gründer in Deutschland

	Sehr positiv	Eher positiv	Eher negativ	Negativ
Gründungsprozess	13,1 %	54,4 %	30,7 %	1,8 %
Ansehen als Unternehmer	13,2 %	54,4 %	30,7 %	1,8 %
Austausch mit Gleichgesinnten	37,7 %	53,5 %	7 %	1,8 %
Akzeptanz vom Arbeitgeber	30 %	52,8 %	14,4 %	1,8 %
Akzeptanz bei Familie und Freunden	35,1 %	46,5 %	17,5 %	0,9 %
Kapitalbeschaffung und Förderprogramme	0 %	36 %	56,1 %	7,9 %
Fehlerkultur (z. B. Akzeptanz des Scheiterns)	2,6 %	31,6 %	46,5 %	19,3 %
Bürokratie	1,8 %	24,6 %	56,1 %	17,5 %
Finanzen (Steuererklärung, Versicherungen etc.)	1,8 %	21,9 %	62,3 %	14 %

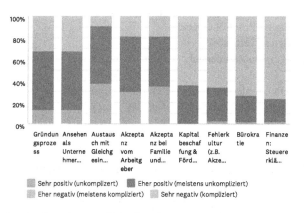

F19 Wie empfindest du folgende Aspekte für nebenberufliche Gründer in Deutschland?

Abb. 3.14 Aspekte für nebenberufliche Gründer in Deutschland

F20 Welche sind momentan die größten Herausforderungen für dich?
(Bitte ordne nach Priorität von 1 bis 12 durch Verschieben der Felder)

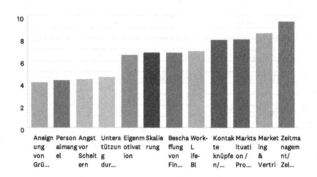

Abb. 3.15 Herausforderungen für Sidepreneure

5. Eigenmotivation
6. Skalierung (Wachstum)
7. Beschaffung von Finanzmitteln
8. Work-Life-Blending (also das Verhältnis aus den Bereichen, Hauptjob, Nebenerwerb und Familie)
9. Kontakte knüpfen/(Kooperations-)Partner finden
10. Marktsituation/Proof of Concept
11. Marketing und Vertrieb
12. Zeitmanagement/Zeitmangel

Als größte Herausforderung betrachteten die Sidepreneure demnach den Aspekt des *Zeitmanagements* wohingegen ihnen das *Aneignen von Gründerwissen* die wenigsten Sorgen bereitet.

3.7   Positive Effekte und Offenheit gegenüber Dritten

Abschließend wurden die Teilnehmenden gefragt, welche Effekte die nebenberufliche unternehmerische Tätigkeit für sie hat und wie offen sie Dritten gegenüber kommunizierten, dass sie als Sidepreneure tätig sind.

Zunächst wurden die Befragten gebeten anzugeben, ob sich deren nebenberufliche Selbstständigkeit schon einmal spürbar *positiv auf die Haupttätigkeit*

F22 Worin bestand der Vorteil im Wesentlichen?

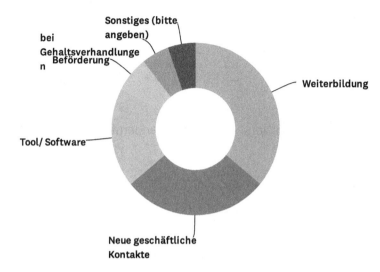

Abb. 3.16   Positive Effekte auf Haupttätigkeit durch Sidepreneurship

ausgewirkt hat. Dabei gaben 66,7 % an ja, es habe positive Auswirkungen gegeben, 33,3 % verneinten dies.

Um herauszufinden, um welche positiven Auswirkungen es sich dabei handelte, wurden jene Sidepreneure gebeten, welche die Frage zuvor mit *Ja* beantworten haben (n = 75), die Vorteile zu benennen (siehe Abb. 3.16). Dabei kam heraus, dass:

- 36 % Sidepreneurship als Form der *Weiterbildung* schätzten;
- 28 % dadurch *neue geschäftliche Kontakte* bekommen haben;
- 18,7 % sahen den Vorteil insbesondere durch die Entwicklung eines *Tools (Software);*
- 7 % hatten dadurch Vorteile bei *Beförderungen;*
- Und jeweils 5,3 % hatten Vorteile bei *Gehaltsverhandlungen* bzw. *sonstiges:*
  - *Anstellung, Höhere Zufriedenheit, Motivation, das Studium fertig zu bekommen, Gefühl der Sinnhaftigkeit zurückerlangt*

Tab. 3.2 Kommunikation gegenüber Dritten

	Sehr offen	Eher offen	Eher zurückhaltend	Zurückhaltend
Bei Vorgesetzten	30,1 %	19,5 %	30,1 %	18,6 %
Bei Kollegen	24,8 %	26,6 %	37,2 %	11,5 %
Bei Neukontakten	36,3 %	34,5 %	26,6 %	2,7
In der Familie	64,6 %	21,2 %	12,4 %	1,8 %
Bei Freunden/Bekannten	49,6 %	35,4 %	14,2 %	0,9 %

F23 Wie offen kommunizierst du deine nebenberufliche Tätigkeit?

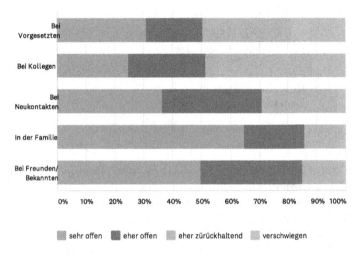

Abb. 3.17 Kommunikation gegenüber Dritten

Ferner wurden die Teilnehmenden befragt, wie offen sie gegenüber Dritten ihre Tätigkeit als Sidepreneure kommunizierten. Dabei kam heraus, dass sie gegenüber Freunden und der Familie sehr offen sind, wohingegen dies gegenüber Vorgesetzten und Kollegen in Teilen weniger der Fall ist (siehe Tab. 3.2 und Abb. 3.17).

Am Ende der Befragung bekamen die bereits tätigen Sidepreneure die Gelegenheit, erweiternde Kommentare zum Thema nebenberufliches Gründen bzw. zu der Studie als solches zu hinterlassen. Folgende Hinweise bezogen sich dabei auf das Thema nebenberufliches Gründen:

- *„Ich benötige mehr (kostenlose) Infos zum Thema Steuer. Einen Steuerberater kann ich mir nicht leisten, eine Steuererklärung zu meiner nebenberuflichen Tätigkeit selbst zu machen ist ohne Wissen fast unmöglich!!! Es gibt keine Literatur dazu – oder ich finde sie nicht."*
- *„Gutes Zeitmanagement, positive Aspekte für den Arbeitgeber."*
- *„Es ist verdammt schwierig, gute Leute zu finden, die ein bootgestraptes [eigenfinanziertes] Start-up mitgehen, d. h. anfangs nur für Equity [Eigenkapital] arbeiten."*
- *„Zeitmanagement enorm wichtig. Für Frauen eher schwierig Vereinbarkeit mit Kindern bzw. Familie. Trotz aller Herausforderungen würde ich es wieder so tun um meine Vision mein Herzensprojekt zu verwirklichen."*
- *„Das [Thema] Co-Founding finden, erlebe ich als maximal schwierig, obwohl ich oft und viel und offen und sehr gerne netzwerke. Das zu fördern wäre phänomenal: Veranstaltungen und fachlicher Input, was sollte man beim Thema Mitgründende beachten?"*
- *„Kundengewinnung B2B als nebenberuflich Selbstständiger"*

3.8 Ergebnisse der noch nicht als Sidepreneur tätigen Teilnehmenden

Jene Teilnehmenden, die zu Beginn der Umfrage die Frage *„Bist du nebenberuflich selbstständig oder nebenberuflich Unternehmer*in?"* mit Nein beantwortet haben, wurden im Folgenden befragt, welche Gründe hierfür ursächlich waren (n = 84). Dabei kamen folgende Ergebnisse zustande (siehe Abb. 3.18):

- Ich bin noch in der Entwicklungsphase: 19,05 %
- Ich habe keine Idee: 17,9 %
- Ich habe einfach nicht genug Zeit: 13,1 %
- Ich habe viele Ideen, kann mich aber nicht für eine entscheiden, die ich verfolgen will: 13,1 %
- Ich scheue das Risiko: 9,5 %
- Ich traue mir keine Selbstständigkeit zu: 7,1 %
- Mir fehlt das nötige Startkapital: 6 %
- Ich war bisher zu bequem: 6 %
- Sonstiges: 4,8 % Offene Angaben für Sonstiges:
  - *Ich verdiene alleine für die Familie;*
  - *Ich bin häufig gescheitert, probiere es aber weiter;*

**F32 Was hat dich bisher (hauptsächlich) davon abgehalten nebenberuflich
zu gründen?**

Abb. 3.18   Barrieren der noch nicht tätigen Sidepreneure

- *Neben Familie fehlt mir oft die Zeit. Dann sind bürokratische und steuerliche Auflagen ziemlich hoch.*
- *Schon selbstständig gewesen.*
- Mein Arbeitgeber erlaubt keine nebenberufliche Tätigkeit: 3,6 %

Befragt, in welchem Bereich die Interessenten (n = 64) sich vorstellen zu gründen, gaben die Teilnehmenden folgendes an:

- Beratungsdienstleistung: 32,8 %
- Digitales Produkt (z. B. Verkauf eines Online-Kurses): 32,8 %
- Analoges Produkt (z. B. Verkauf von Waren): 17,2 %
- Nachhaltigkeitsprojekt – soziales oder ökologisches Start-up: 9,4 %
- Sonstiges: 7,8 % Offene Angaben für Sonstiges:
  - Kulturförderung
  - Kundendienst
  - Beratung + digitale Projekte
  - Yoga-Kurse und Coaching

Auch die noch nicht als Sidepreneure tätig gewordenen Teilnehmenden wurde angeboten, erweiternde Kommentare zum Thema nebenberufliches Gründen zu hinterlassen:

- *„Ein kompletter Switch von der Festeinstellung in die Selbstständigkeit ist für die meisten mit einem hohen Risiko behaftet und dementsprechend ist die nebenberufliche Gründung eine gute Alternative, um den Versuch zu starten mit der Gewissheit, dass wenn etwas schiefgeht, hat man ja die Festeinstellung."*

- *„Informationen zu den ersten Schritten einer Gründung und Möglichkeiten von Förderungen auch für Sidepreneure sind teilweise nur durch viel Recherche zu finden!"*

- *„Praktische Tipps/Anleitungen/Infos/Erfahrungsberichte für Affiliate Marketing im Bereich Coaching, Selbstmanagement, Mentaltraining."*

- *„Ich denke während des Studiums sollte das Thema Existenzgründung stärker beleuchtet und gefördert werden"*

Fazit

Die Umfrage hat zusammenfassend ergeben, dass die meisten Sidepreneure 25 bis 45 Jahre alt und nebenberuflich unternehmerisch tätig sind, während sie sich in einer Festanstellung befinden. Das Hauptmotiv für diese Tätigkeit ist die persönliche Erfüllung bzw. die Umsetzung eines Herzensprojekts. Die Mehrheit der Befragten strebt mithin an, dass die nebenberufliche unternehmerische Tätigkeit langfristig die Haupttätigkeit werden soll, die zumeist dem Beratungs-/Dienstleistungssektor zuzuordnen ist.

Durchschnittlich wenden die Sidepreneure 14 h pro Woche für ihre nebenberufliche unternehmerische Tätigkeit auf und arbeiten überwiegend allein. Die Umsätze der meisten Sidepreneure beträgt weniger als 10.000 € pro Jahr und sie benötigen keine Finanzierung für ihre Gründung. Die größten Herausforderungen sehen sie im Zeitmanagement sowie im Bereich Marketing/Vertrieb. Ihre nebenberufliche unternehmerische Tätigkeit wirkt sich oft positiv auf ihren Haupterwerb aus.

Teilnehmende, die noch nicht als Sidepreneure tätig sind, befinden sich zumeist entweder noch in der Entwicklungsphase und haben noch keine Idee für ihre Gründung.

Einschätzungen von Personalexperten

4

In diesem Kapitel werden die subjektiven Einschätzungen von acht Experten aus dem Personalumfeld zusammengetragen, die im Rahmen einer qualitativen Umfrage interviewt wurden. Ziel war es u. a. herauszufinden, ob sie die These der Autoren stützen, dass es sich positiv auf das Arbeitgeber-/Arbeitnehmerverhältnis auswirken kann, wenn Unternehmen die nebenberuflichen unternehmerischen Tätigkeiten von Mitarbeitenden unterstützen. Im Kern wird diese Einschätzung der Autoren von den Experten geteilt und sie benennen zudem weitere tendenziell positive Aspekte des Sidepreneurship.

4.1 Beschreibung der Umfrage

Die Autoren entwickelten im Anschluss an die vorab vorgestellte Umfrage innerhalb der Sidepreneure die These, dass nebenberufliche Gründungen nicht nur positive Effekte für die Arbeitnehmer, sondern mithin auch für die Arbeitgeber haben können. Marshall et al. gelangten bereits zu der Erkenntnis, dass es eine Beziehung zwischen Teilzeitunternehmertum und innovativen Verhaltensweisen der Mitarbeitenden am Arbeitsplatz gebe.[1] Witt stützt dies indem er ausführt, dass Unternehmen ihr Innovationsvermögen und ihre Erfolgschancen am Markt

---

[1]Vgl. Marshall et al. 2019, S. 3108 f.

dadurch steigern können, indem sie die Mitarbeitenden zu unternehmerischem Verhalten bzw. zum Intrapreneurship[2] ermutigen.[3]

Zusätzlich zu den positiven Wechselwirkungen vermuten die Autoren, dass sich folgende Vorteile ergeben können, wenn Unternehmen nebenberuflich unternehmerische Tätigkeiten von Mitarbeitern unterstützen:

- Es wird vermutet, dass sich die Arbeitgebermarke positiv auflädt, sich Mitarbeiter stärker mit dem Unternehmen identifizieren und dies entsprechend in ihrem persönlichen Umfeld kommunizieren.
- Denkbar scheint zudem, dass die Fluktuation von Mitarbeitern sinkt und umgekehrt die Mitarbeiterbindung an das Unternehmen steigt.
- Dadurch, dass sich das nebenberufliche Umsetzen eigener unternehmerischer Projekte in hohem Maße motivierend auf die Mitarbeiter auswirkt, wird ferner angenommen, dass diese auch in ihrem Hauptjob bessere Leistungen abliefern und resilienter werden.

Um zuvor genannte Vermutungen belastbar zu überprüfen bedarf es einer gesonderten Forschung, die für die vorliegende Schrift nicht geleistet werden konnte. Wohl aber unternahmen die Autoren den Versuch, hier bei acht Experten aus dem Personalumfeld eine erste Einschätzung abzufragen. Bei den interviewten Experten handelt es sich um Frauen und Männer, die entweder (zum Zeitpunkt des Interviews) in Personalabteilungen von Unternehmen arbeiteten, oder waren anderweitig als Führungskräfte, Coaches bzw. Berater entsprechend in der Lage, hier kompetente Aussagen zu treffen.

Die folgende Tabelle führt die befragten Personen, deren Positionen und die Unternehmen auf, für die sie zum Zeitpunkt der Befragung (im Juni 2020) gearbeitet haben (siehe Tab. 4.1).

▶ Wichtig ist den Autoren an dieser Stelle darauf hinzuweisen, dass es sich bei den im folgenden Abschnitt dargelegten Aussagen der Befragten um deren subjektive Einschätzung handelt. Sie spiegeln nicht zwingend die Sichtweisen der Unternehmen wider, bei denen die Experten angestellt sind bzw. für die sie arbeiten.

---

[2]Intrapreneure sind Personen, die als Angestellte im Unternehmen Entrepreneurship betreiben.

[3]Vgl. Witt 2020, S. 239.

Tab. 4.1 Befragte Expertinnen und Experten aus dem Personalumfeld

Name	Position und Unternehmen
Heino Plöger	Senior Manager HR Development Region Dach bei Olympus Europa SE & Co. KG
Veronika Dietzinger	Operations & People Managerin bei WERK1
Felix Schachi	Consultant & Advisor bei Schachi Consulting/ehem. Head of Business Development bei Unternehmer-Schmiede GmbH
Natalya Nepomnyashcha	Senior Consultant und Gründerin von Netzwerk Chancen
Ireen Baumgart	Head of HR Talent Management Acquisition, Tchibo GmbH
Sabrina von Nessen	Vorstandsmitglied, afb Application Services AG
Stephan Rathgeber	Head of Digital Sales Enablement, Hays
Jelena Klingenberg	Gründerin von hppyppl

4.2 Einschätzungen der Befragten

Zunächst wurden die Experten gebeten, eine Einschätzung zu der Frage abzugeben, wie sie nebenberuflichen unternehmerischen Tätigkeiten von Mitarbeitern aus Arbeitgebersicht gegenüberstehen und ob sie sich vorstellen können, dass eine entsprechende Akzeptanz oder gar eine Unterstützung seitens der Unternehmen dazu führen könne, dass sich jene Strategie positiv auf das Employer Branding – sprich die Arbeitgebermarke auswirkt. Anschließend konnten sie eigene Erfahrungen zum Thema Sidepreneurship in Unternehmen schildern und Handlungsempfehlungen aussprechen.

4.2.1 Auswirkungen auf die Arbeitgebermarke durch Sidepreneurship

Es sind alle Experten der Auffassung, dass Sidepreneurship durch die Unternehmen unterstützt werden sollte, solange die Gründungen nicht in Konkurrenz zum Haupterwerb stehen. Ferner können sie sich auch grundsätzlich vorstellen, dass sich eine positive Wechselwirkung für das Employer Branding ergibt. Allerdings nehmen die Experten hier Differenzierungen vor und geben zu bedenken, dass dies nicht pauschal für alle Branchen und jedes Unternehmen gilt.

So verweist etwa Plöger darauf, dass die Tätigkeit einen bestimmten Zeithorizont nicht übersteigen darf, um die Performance des Mitarbeiters im

Hauptjob nicht zu gefährden.[4] Nepomnyashcha ist zudem der Meinung, dass Organisationen wie etwa Start-ups ihre positive Haltung zum Thema Sidepreneurship sehr proaktiv kommunizieren sollten, da dort generell ein entsprechendes unternehmerisches Denken gelebt würde.[5]

Baumgart differenziert seitens der Unternehmen ferner zwischen aktiver und inaktiver Akzeptanz nebenberuflich unternehmerischer Tätigkeiten von Angestellten. Sie rät Unternehmen, eine aktive Haltung zu dem Thema zu entwickeln und das entsprechend zu kommunizieren. Hintergrund sei, dass oftmals eine nebenberuflich unternehmerische Tätigkeit bei einer Vollzeitstelle im Angestelltenverhältnis zeitlich kaum möglich ist. Daher würden viele Bewerber direkt nach Teilzeitstellen fragen, die mithin seitens der Unternehmen entsprechend angeboten und/oder geschaffen werden sollten, um jenen Interessenten eine Perspektive bieten zu können.[6]

Auch Klingenberg ist der Ansicht, dass es sich positiv auf die Arbeitgebermarke eines Unternehmens auswirkt, wenn dieses seine Mitarbeitenden dabei unterstützt, nebenberuflich unternehmerisch tätig zu sein. Sie begründet das damit, dass zukünftig allem Anschein nach die Grenzen zwischen dem Angestelltensein, der Tätigkeit als Freelancer oder nebenberuflichem Unternehmertum fließend sein dürften.[7] Auch von Nessen sieht jene positiven Einflüsse durch die offene Haltung von Arbeitgebern gegenüber dem Thema des nebenberuflichen Unternehmertums auf die Mitarbeiterbindung, allerdings sei es ihrer Meinung nach schwierig, jene Effekte zu messen.[8]

Rathgeber, dessen Arbeitgeber Hays es akzeptiert und respektiert, wenn Mitarbeiter nebenberuflich unter der eingangs besagten Maßgabe unternehmerisch tätig sein wollen, kommuniziert dies jedoch derzeit noch nicht offensiv im Rahmen der Employee Value Proposition. Er empfiehlt Unternehmen ebenfalls dringend, die Förderung von Mitarbeitenden, nebenberuflich unternehmerisch tätig zu sein, auch entsprechend offen zu kommunizieren. Er sieht insbesondere Vorteile im projektbasierten Sidepreneurship, wenn es etwa um digitale Geschäftsmodelle geht. Darüber hinaus sieht er entsprechende Vorteile für das Unternehmen, wenn es durch die Beschäftigung mit der Frage: *„Sollen wir*

---

[4]Vgl. Plöger 2020, Interview.

[5]Vgl. Nepomnyashcha 2020, Interview.

[6]Vgl. Baumgart 2020, Interview.

[7]Vgl. Klingenberg 2020, Interview.

[8]Vgl. von Nessen 2020, Interview.

unsere Angestellten dabei unterstützen, nebenberuflich unternehmerisch tätig zu sein?" Hierdurch würden Prozesse aufgesetzt und Strukturen geschaffen, die dem Ganzen zuträglich sind.[9]

Einen interessanten Aspekt ergänzt Schachi noch zum Thema vorhandenes Bewusstsein seitens der Unternehmen in Bezug auf die nebenberuflichen unternehmerischen Tätigkeiten ihrer Angestellten. Er hat in einer früheren Tätigkeit Innovationsteams für Unternehmen zusammengestellt, die aus internen und externen Leuten bestanden. Oftmals war den Unternehmen gar nicht bewusst, dass einige Mitarbeiter bereits nebenberuflich unternehmerisch tätig waren. Auch bei den externen Leuten wurde darauf geachtet, dass die Bewerber bereits Gründungserfahrungen mitbrachten. Hintergrund war, dass insbesondere das Mindset jener, die bereits gegründet hatten, sehr förderlich für Innovationsprojekte sei.[10]

Auch bei Etventure, ein Unternehmen, bei dem Schachi vorab bereits gearbeitet hat, wurde das nebenberufliche Unternehmertum gefördert. Jene Berater haben sich gegenüber den Kunden auch als *Unternehmer* und nicht als Berater bezeichnet, obwohl sie ja hauptberuflich im Angestelltenverhältnis für Etventure tätig waren. Hintergrund sei hier, dass deren Angebot war, Start-ups für Unternehmen zu entwickeln und hierfür entsprechend eine Gründungskompetenz vonnöten sei.

Abschließend zur ersten Frage ergänzt Dietzinger, dass ihr Unternehmen WERK1 (ein Gründerzentrum für Start-ups) über das proaktive Unterstützen nebenberuflicher Gründungen ihrer Angestellten hinaus es ihnen auch anbietet, die Community (Mitarbeiter, Freelancer und andere Start-ups im Gründerzentrum) zu nutzen, um etwa Ratschläge und Feedback zu ihren Sidepreneurship-Projekten zu bekommen.

4.2.2 Eigene Erfahrungen und Handlungsempfehlungen

Im Folgenden werden nun ergänzende Hinweise und Handlungsempfehlungen seitens der Experten aufgeführt, welche auf der zuvor skizzierten Einschätzung aufbauen. Dietzinger etwa, die selbst auch als Sidepreneurin tätig ist, berichtet davon, dass eine Mitarbeiterin von WERK1, die nebenberuflich unternehmerisch Events organisiert, einen großen Gewinn für das Unternehmen darstellt, da sie die Qualität der WERK1-Events durch ihre Expertise erheblich steigern würde.

---

[9]Vgl. Rathgeber 2020, Interview.
[10]Vgl. Schachi 2020, Interview.

Baumgart erinnert sich an ein Beispiel aus ihrer Berufserfahrung, als eine Mitarbeiterin an sie herangetreten sei und darum gebeten hatte, vier Wochen unbezahlten Urlaub zu bekommen, um eine Gründungsidee zu testen. Jenem Gesuch wurde stattgegeben mit dem Ergebnis, dass die Mitarbeiterin besagte Idee heute hauptberuflich unternehmerisch umsetzt, dem Unternehmen jedoch entsprechend dankbar verbunden ist. Hierdurch sind entsprechende Streueffekte im persönlichen Umfeld der ehemaligen Mitarbeiterin zu vermuten, was sich positiv auf die Arbeitgebermarke auswirken kann.

Sie bestätigt Aussagen zuvor befragter Experten, dass die Unternehmen auch insofern stark davon profitieren würden, das nebenberufliche Unternehmertum seiner Angestellten zu fördern, weil diese sehr viel durch das Sideprojekt lernen würden. Baumgart selbst erstellt gerade eine private Webseite, die sie für ihre eigene Gründung benötigt. Bezüglich der Gründe, warum einige Unternehmen derzeit noch eher zurückhaltend dem Thema Sidepreneurship gegenüberstehen, zieht sie eine Parallele zum Thema Homeoffice. Hier sei es bisweilen so, dass Unternehmen die Sorge haben, einige Mitarbeiter würden es ausnutzen, von zu Hause zu arbeiten – sprich das Thema Vertrauen spielt eine große Rolle dabei. Ein weiterer Grund dafür könne sein, dass viele Führungskräfte ihrer Meinung nicht über eine unternehmerische Haltung verfügen und das Thema Sidepreneurship daher nicht vorantreiben würden. Baumgart selbst hat aus Sorge darauf verzichtet, bei ihrem Arbeitgeber eine Anfrage zur Teilzeitbeschäftigung zu stellen, da das ggf. ihren Job hätte gefährden können.

Von Nessen sieht zusätzlich zur positiven Wechselwirkung von Sidepreneurship und der Arbeitgebermarke auch positive Effekte in folgenden Bereichen: Zum einen ginge einer Gründung immer auch eine entsprechende Selbstreflexion des Mitarbeiters einher, was sich wiederum in einem positiven Mindset äußern würde. Um eine erfolgreiche Gründung umzusetzen sei es wichtig, sich mit sich selbst auseinander zu setzen und am Markt entsprechend sichtbar zu werden. Darüber hinaus würde Sidepreneurship dafür sorgen, dass die Methodenkompetenz der Mitarbeiter steigt, wenn es z. B. darum ginge, Instrumente wie eine SWOT-Analyse zu erstellen oder einen Businessplan zu verfassen, wofür u. a. Dinge wie eine Marktanalyse, die Positionierung des eigenen Angebots und finanzielle Kalkulationen vorzunehmen sind. Hieraus sei zu vermuten, dass sich jener Kompetenzerwerb entsprechend positiv auf die Angestelltentätigkeit auswirken würde. Hilfreich für den Einsatz eines Mitarbeiters als Intrapreneur im Unternehmen sei ihrer Meinung nach, dass jene Personen bereits über entsprechende Erfahrungen als Entrepreneure verfügten. Insbesondere für Rollen im Bereich von Mergers & Acquisitions oder im Marketing bzw. im Projektmanagement seien diese Skills besonders wertvoll.

Rathgeber gibt zu bedenken, dass der Strategie eines Unternehmens, die Sidepreneur-Ambitionen der Mitarbeiter zu fördern, eine gewisse Ambivalenz innewohnt. Er ist der Ansicht, dass insbesondere die Perspektive, welche sich aus einer nebenberuflichen Gründung ergebe, sowohl positive als auch negative Aspekte für das Unternehmen beinhalte. Positiv seien zunächst die neuen Sichtweisen und Erfahrungen, welche mit dem Sidepreneurship einhergingen, die der Mitarbeiter entsprechend auch mit in sein Unternehmen bzw. seine Abteilung einbrächte. Negativ sei indes aus Arbeitgebersicht zum einen die Gefahr, dass jene Person perspektivisch wegen des Sideprojekts das Unternehmen verlassen könnte. Zum anderen sei denkbar, dass dem Sidepreneur der Fokus auf seine Haupttätigkeit abhandenkommen könnte, oder sich dieser zumindest verringert.

Er berichtet von einer Erfahrung, dass ein Bewerber, basierend auf seinen unternehmerischen Vorerfahrungen, zu hohe Gehaltsvorstellungen geäußert hat. Hier bestünden Abweichungen in der Erwartungshaltung von Arbeitgebern und Arbeitnehmern, die nach einer unternehmerischen Tätigkeit zurück ins Angestelltenverhältnis wechseln möchten. Rathgeber sieht zusammenfassend den größten Vorteil für Unternehmen, die nebenberuflichen unternehmerischen Ambitionen ihrer Mitarbeiter zu unterstützen, darin, dass diese überaus motiviert seien und sich daraus eine entsprechende Zufriedenheit ergebe. Sie sei u. a. dafür verantwortlich, dass Mitarbeiter auch im Angestelltenverhältnis überaus gewinnbringende Ergebnisse produzieren würden.

Schachi berichtet ergänzend von der Erfahrung, dass je größer die Unternehmen sind, die Personaler eher zurückhaltender darauf reagieren würden, dass die Bewerber auch nebenberuflich unternehmerisch tätig sein wollen, weil sie vermutlich annehmen, dass die Mitarbeiter dann weniger Zeit zur Verfügung haben, die sie dem Angestelltenjob widmen könnten. Er setzt dem die Argumentation gegenüber, dass die nebenberufliche unternehmerische Tätigkeit wie ein Coaching sei, bei dem die Angestellten sehr viel lernen, sich weiterentwickeln und für das das Unternehmen nichts zahlen müsse – also entsprechende Vorteile davon hätte: *„Wie kann man da dagegen sein?"* Ergänzend zu jener Argumentation soll hier auf die Umfrage bei den Sidepreneuren verwiesen werden, die u. a. ergab, dass die nebenberuflich unternehmerisch aufgewendete Zeit im Mittel bei lediglich 14 h pro Woche liegt.[11]

Schachi gibt ferner zu bedenken, dass wenn Unternehmen die nebenberufliche unternehmerische Tätigkeit eines Bewerbers nicht fördern, die Bewerber ggf.

---

[11]Vgl. Abschn. 3.4.

davon ableiten, dass der potenzielle Arbeitgeber generell wenig Bereitschaft hat, sich mit anderen Unternehmen auszutauschen, was allerdings für Innovationsentwicklung sehr wichtig sei. Es entstünde dadurch bei den Bewerbern mithin der Eindruck, dass die Unternehmen den Mitarbeitern eher „Ketten anlegen" als sie fördern zu wollen. Er hat Unternehmen oftmals dazu geraten, sich von der Vorstellung zu verabschieden, dass die Bewerber bis zum Renteneintritt in der Firma blieben, sondern eher beabsichtigen, für eine gewisse Zeitspanne dort zu arbeiten, was auch die im vorherigen Abschnitt geäußerte Einschätzung Klingenbergs unterstützt. Die Unternehmen sollten versuchen, die Mitarbeitenden in dieser Zeit so stark wie möglich zu fördern, um auch deren Wissen im Unternehmen zu behalten, wenn sie dann irgendwann wechseln sollten.

Nepomnyashcha ist davon überzeugt, dass sie ohne ihre Erfahrungen als Sidepreneurin weder ihren jetzigen Angestellenjob in einem großen internationalen Unternehmen bekommen hätte, noch den vorigen, was in Teilen auch den eigenen Erfahrungen der Autoren entspricht. Sie ist ferner der Meinung, dass sie durch ihre Selbstständigkeit ein größeres Selbstbewusstsein erworben hat, was ihr geholfen habe, sich gegenüber ihren jetzigen Arbeitgebern zu präsentieren. Sie äußert abschließend die Vermutung, dass der Reiz des Sidepreneurship u. a. darin liegen könne, dass viele Arbeitnehmer einen Ausgleich zu ihrem Hauptjob suchen würden und diesen entsprechend in einer nebenberuflichen unternehmerischen Tätigkeit finden möchten. Voraussetzung, dass das gelänge, sei jedoch, dass jene Tätigkeit sich möglichst stark von dem Angestelltenjob unterscheidet, um auch tatsächlich als Ausgleich wirken zu können.

Aufbauend auf den Erkenntnissen von Marshall et al. ist Klingenberg der Überzeugung, dass das Fördern von Sidepreneuren durch Arbeitgeber durchaus deren Innovationsanteil im Unternehmen erhöhen kann. Sie vermutet insbesondere die Herausforderung seitens der Firmen, dass sie einen Spagat umsetzen müssen, wie viel Innovation sie außerhalb der Unternehmens fördern, und wie viel sie davon nach innen transferieren möchten. Speziell im Mittelstand sieht sie hier noch großen Handlungsbedarf. Sie sieht ferner für alle Unternehmen die Herausforderung darin, dass, wenn es denen nicht gelingt, Strukturen aufzusetzen, die dafür sorgen, dass Mitarbeiter auch langfristig sowohl als Sidepreneure tätig sind und gleichsam im Unternehmen arbeiten, diese dann irgendwann das Unternehmen verlassen werden, wenn sie erfolgreiche Gründer sind. Hierfür gebe es neben einem innovativen Teilzeitangestelltenmodell auch die Möglichkeit, die Sidepreneure durch Wissenstransfer in Projekten und etwa durch Instrumente wie Krankenversicherung oder steuerliche Aspekte zu unterstützen und mithin zu halten.

Fazit

Zusammenfassend haben die Experten die Autoren in ihrer Vermutung darin bestärkt, dass es aller Voraussicht nach positive Einflüsse auf die Arbeitgebermarke eines Unternehmens haben kann, wenn dieses aktiv das nebenberufliche unternehmerische Engagement seiner Mitarbeiter fördert. Dies könne etwa durch spezielle Teilzeitmodelle geschehen, in der Möglichkeit münden, die firmeninterne Infrastruktur zu nutzen, oder aber der Belegschaft allein durch eine entsprechend offene Kommunikation jener Einstellung etwaige Ängste zu nehmen, eine nebenberufliche Gründung zu verschweigen oder gar zu unterbinden.

Es konnten diverse Aspekte aufgezeigt werden, warum das proaktive Fördern von Sidepreneurship positive Effekte für das Unternehmen nach sich ziehen kann. Hierzu zählen neben motivierten Mitarbeitern ein erhöhtes Innovationspotenzial genauso wie eine zu erwartende geringere Fluktuation und ein gesteigerter Wissenstransfer. Die aufgeführten Aspekte sollten entsprechend durch weiterführende Forschungsprojekte abgesichert werden.

Handlungsempfehlungen

5

Abschließend werden Handlungsempfehlungen an die Hauptakteure dieses Buches gerichtet, die Sidepreneure. Die Autoren haben viel über diese Personengruppe gesprochen, wollen aber abschließend noch Tipps für den erfolgreichen Start und darüber hinaus geben. Anschließend erfolgen jeweils kurze Anregungen an Unternehmen in ihrer Rolle als Arbeitgeber sowie an die Politik.

5.1 Geschäftsidee

Gerade bei Sidepreneuren, kann die Wahl einer passenden Geschäftsidee u. a. in Bezug auf den Zeiteinsatz von großer Bedeutung sein. Durch die Tatsache, dass das Unternehmen neben einer anderen Haupttätigkeit betrieben wird, sind z. B. Geschäftsmodelle, die über einen längeren Zeitraum des Tages eine regelmäßige physische Anwesenheit erfordern, eher weniger geeignet, um sie im Nebenerwerb zu betreiben. Ebenso können sich unternehmerische Konzepte, die tagsüber eine hohe unmittelbare und persönliche Kundenkommunikation, beispielsweise via Telefon erfordern, als kritisch erweisen. Verfolgt werden sollten idealerweise skalierbare Ideen oder solche, die eine asynchrone Interaktion mit den eigenen Kunden ermöglichen.

In den meisten Fällen sind Gründungen im Nebenerwerb durch Leidenschaft oder durch die Überzeugung für das eigene Produkt bzw. Dienstleistung

© Der/die Herausgeber bzw. der/die Autor(en), exklusiv lizenziert durch Springer Fachmedien Wiesbaden GmbH, ein Teil von Springer Nature 2020
S. Pioch et al., *Sidepreneurship,* essentials,
https://doi.org/10.1007/978-3-658-31505-4_5

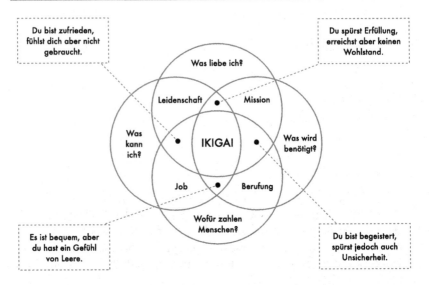

Abb. 5.1 Ikigai Ansatz

betrieben.[1] Aus diesem Grund liegt es nahe, dass Sidepreneure ausgehend von ihren Fähigkeiten und vor allem aufgrund ihrer persönlichen Interessen unternehmerisch tätig werden. Um im ersten Schritt die passende Idee zu finden, bietet sich beispielsweise der „Ikigai" Ansatz an.[2] Die Ursprünge dieses japanischen Philosophiekonzepts gehen bis in das 14. Jahrhundert zurück und beschäftigen sich mit dem Sinn des eigenen Schaffens und des Lebens. *Iki* bedeutet frei übersetzt so viel wie Leben und *Gai* steht für Wert. Mit der Methode sollen die Elemente Mission, Berufung, Job und Leidenschaft so miteinander vereint werden, dass am Ende jeder seine berufliche und private Bestimmung findet.[3] Auch Sidepreneuren kann der Ansatz dabei helfen, eine geeignete Geschäftsidee zu finden (siehe Abb. 5.1).

In der Schnittmenge der Elemente ist mit großer Wahrscheinlichkeit auch die passende unternehmerische Berufung zu finden.

---

[1]Vgl. Abschn. 3.3.

[2]Fischer 2019, S. 28.

[3]Vgl. Pioch, S. und Windmüller, H. 2020, S. 24 f.

5.2 Gespräch mit dem Arbeitgeber

In Deutschland gilt das Recht auf freie Berufswahl, welches auch grundsätzlich auf nebenberufliches Gründen anzuwenden ist.[4] Eingeschränkt wird es nur für Berufe, die bestimmte fachliche Qualifikationen oder bestandene Prüfungen voraussetzen.[5] Als Beispiel können hierfür Ärzte, Apotheker, Anwälte oder auch Berufe mit Meisterpflicht angeführt werden.

Folglich haben angehende Sidepreneure das Recht, in ihrer Freizeit zu gründen. Freizeit ist hierbei das Stichwort, denn der Arbeitgeber hat zwar den Anspruch auf uneingeschränkte Leistungsbereitschaft, aber eben nur in der vereinbarten Arbeitszeit.[6] Zudem gilt, dass keine Konkurrenzsituation zu dem Produkt- oder Dienstleistungsangebot des Arbeitgebers geschaffen werden darf.[7] Dieser Fall tritt z. B. ein, wenn ein nebenberuflicher Freelancer potenzielle Kunden des Arbeitgeber nach Feierabend preiswerter berät. Ein weiterer wichtiger Punkt ist, dass der Arbeitgeber im Hauptberuf ein Anrecht auf die volle Leistungsbereitschaft des Sidepreneurs hat. Sprich kann der Arbeitnehmer, beispielsweise weil er durch den Nebenerwerb kontinuierlich unter Schlafmangel leidet, nicht die gewohnte Leistung erbringen, könnte die Nebentätigkeit untersagt werden.[8] Auch Krankheitszeiten und Erholungsurlaube sind im eigentlichen Sinne einzuhalten.

Auch wenn der Sidepreneur in Spe nicht von vornherein dazu verpflichtet ist, die nebenberufliche Selbstständigkeit dem Arbeitgeber zu melden, ist dies unbedingt zu empfehlen. Im ersten Schritt sollte der Arbeitsvertrag dahin gehend geprüft werden, ob sich eine Regelung für nebenberufliche Erwerbstätigkeiten wiederfindet. Falls nicht, kann sie auch in einer Betriebsvereinbarung oder einem geltenden Tarifvertrag festgehalten sein. Ist sich der Sidepreneur über die geltenden Rahmenbedingungen im Klaren, sollte das Gespräch mit dem direkten Vorgesetzten gesucht werden. Nun gilt es, diesem auch zukünftig die volle Leistungserbringung zuzusagen und im Idealfall auch die möglichen Vorteile für das Unternehmen zu erörtern.[9] Abschließend sollten die Genehmigung und die Rahmenbedingungen möglichst schriftlich festgehalten werden, um für beide Seiten Sicherheit zu schaffen.

---

[4]Vgl. Art. 12, Abs. 1 GG.
[5]Vgl. Metzner 2017, o.S.
[6]Vgl. Hammer 2018, S. 31.
[7]Vgl. ebd., S. 33.
[8]Vgl. ebd., S. 32.
[9]Vgl. Kap. 4.

5.3 Businessplan und Finanzierung

Nachdem nun eine erste Geschäftsidee besteht und der Arbeitgeber eingewilligt
hat, kann die Gründung erfolgen. Aus vielen Gesprächen mit angehenden
Sidepreneuren, kennen die Autoren die Berührungsängste und auftretenden
Schwierigkeiten beim Erstellen eines Businessplans. Bei vielen Unternehmens-
konzepten von nebenberuflichen Gründern bedarf es zunächst jedoch keines
„klassischen" Businessplans, da selten externes Kapital aufgenommen werden
muss.[10]

Vielmehr geht es darum, sich einen Überblick über die wichtigsten Eckpfeiler
des eigenen Konzeptes klar zu werden. Ein ideales Werkzeug hierfür stellt das
„Lean Canvas" von Maurya dar. Es handelt sich dabei um ein Framework, das
auf Basis des Business Model Canvas von Osterwalder und Pigneur entstanden
ist.[11] Die Besonderheit bei Maurya liegt jedoch darin, dass er mit seinem Canvas
auf eine frühe Gründungsphase abzielt und somit noch andere Aspekte aufführt
beziehungsweise abgeändert hat (siehe Abb. 5.2).

Auch die Finanzierung wird von den meisten Sidepreneuren zunächst ohne
Fremdkapital umgesetzt.[12] Da das eigene Einkommen in der Regel durch den
Hauptberuf erzielt wird, ist das Risiko und der Kapitalbedarf oftmals niedriger als
bei Vollzeitgründungen. Wie hoch der Kapitalbedarf ist, hängt jedoch nicht nur
von den Personalkosten, sondern auch vom Geschäftskonzept ab. Muss beispielsweise Ware im größeren Umfang angekauft werden, kann unter Umständen auf
eine Fremdfinanzierung nicht verzichtet werden.

Hierfür können einige wenige staatliche Förderungen, wie das „ERP-Gründerkredit-Startgeld" oder auch ein klassisches Bankdarlehen in Anspruch genommen
werden. Ebenso wäre Fremdkapital durch private Investoren denkbar. Hierbei sollte
der angehende Sidepreneur aber bedenken, dass für gewöhnlich, private Investoren
nur zurückhaltend in unternehmerische Projekte investieren, die nicht in Vollzeit
umgesetzt werden. Dennoch kann nebenberufliches Gründen neue Unternehmen
gerade in der Startphase stützen und überhaupt erst finanziell ermöglichen, da in
dieser Anfangszeit der Kapitalbedarf durch den Hauptjob querfinanziert werden
kann.[13]

---

[10]Vgl. Abschn. 3.5.

[11]Vgl. Pioch, S. und Windmüller, H. 2020, S. 32 ff.

[12]Vgl. Abschn. 3.5.

[13]Vgl. Petrova 2005, S. 3 f.

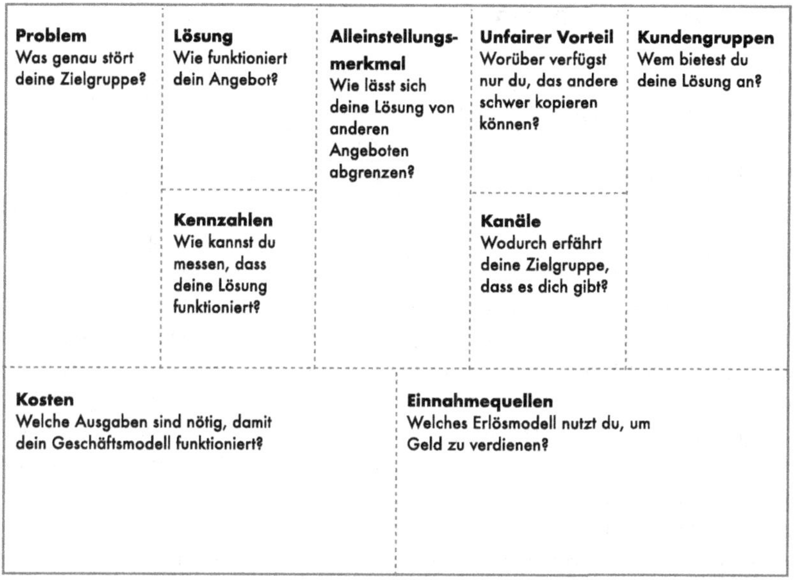

Problem Was genau stört deine Zielgruppe?	Lösung Wie funktioniert dein Angebot?	Alleinstellungs- merkmal Wie lässt sich deine Lösung von anderen Angeboten abgrenzen?	Unfairer Vorteil Worüber verfügst nur du, das andere schwer kopieren können?	Kundengruppen Wem bietest du deine Lösung an?
	Kennzahlen Wie kannst du messen, dass deine Lösung funktioniert?		Kanäle Wodurch erfährt deine Zielgruppe, dass es dich gibt?	
Kosten Welche Ausgaben sind nötig, damit dein Geschäftsmodell funktioniert?		Einnahmequellen Welches Erlösmodell nutzt du, um Geld zu verdienen?		

Abb. 5.2 Lean Canvas

5.4 Risikoabsicherung

Die meisten Sidepreneure versuchen die Risiken bei ihrem Gründungsvorhaben zu minimieren.[14] Auch für die Wahl der Unternehmensform stellt sich die Frage nach der Risikoabsicherung. Die Unternehmensform kann zu so einer Minimierung der persönlichen Haftung beitragen. GmbHs und UGs (haftungsbeschränkt) sind hierfür probate Lösungen.[15] Eine zusätzliche Möglichkeit sind spezielle Versicherungen, beispielsweise für Geschäftsführer einer Firma. Der nebenberufliche Gründer sollte sich aber auch bewusst sein, mit welchen Risiken er wirklich planen muss, da mit einer Personengesellschaft initial sowie fortlaufend deutlich höhere Kosten verbunden sind.

---

[14]Vgl. Abschn. 3.6.
[15]Vgl. BMWi 2019, S. 1 f.

5.5   Selbstmanagement

Zeit ist vermutlich die knappste Ressource eines Sidepreneurs. Diese Annahme wurde durch die quantitative Umfrage in Kap. 3 bestätigt. Als größte Herausforderung gaben die Befragten hier das Zeitmanagement beziehungsweise den Zeitmangel bei ihrer Nebenerwerbsgründung an. Unternehmertum ist oftmals mit einem überdurchschnittlichen Arbeitszeiteinsatz verbunden.[16] Wenn sich die Arbeitszeiten zusätzlich fast ausschließlich auf die Abendstunden und das Wochenende beschränken, ist dieser Umstand gut nachvollziehbar.

Dennoch gibt es Möglichkeiten, dem Zeitmangel entgegenzuwirken. Durch diszipliniertes Selbst- und Zeitmanagement, kann die knappe Ressource Zeit effektiver genutzt werden. In vielen Gesprächen mit erfolgreichen Sidepreneuren haben die Autoren festgestellt, dass nebenberufliche Unternehmer Experten bei der Anwendung des Pareto-Prinzips sind. Angewendet auf das Zeitmanagement besagt es, dass Menschen in 20 % ihrer zur Verfügung stehenden Zeit 80 % ihrer Aufgaben erledigen.[17] Folglich kann die Effizienz bei der richtigen Planung und Priorisierung deutlich gesteigert werden.

Ferner sollten Sidepreneure nach Möglichkeit feste Zeiten innerhalb einer Woche für das eigene Unternehmen reservieren. Dies führt zu einer deutlichen Steigerung der Verbindlichkeit, ähnlicher anderer fester Termine, wie z. B. Trainingszeiten im Sport.

Ebenso ist eine konkrete Ziel- beziehungsweise Fortschrittsplanung zu empfehlen. Durch das Setzen von Meilensteinen in der Jahres-, Monats- und Wochenplanungen kann das Erreichen und Verfehlen von unternehmerischen Zielen sichtbar gemacht werden. Gerade auch das Erreichen von Zielen kann motivieren und auch in schwierigen Zeiten durch den Rückblick auf bereits erreichte Erfolge, zur Fortführung des Sidepreneurship führen. Die Autoren empfehlen, die *Objectives and Key Results-Methode* zu verwenden, um eine Messbarkeit der Zielerreichung zu ermöglichen.

Wenn das eigene Unternehmen erfolgreich wächst, stellt sich für viele Sidepreneure die Frage, wie sie trotz erfolgreichem Selbstmanagement und zielgerichtetem Priorisieren, die vielen anfallenden Aufgaben abarbeiten können. Deshalb soll an dieser Stelle die Lanze für Aufgabenauslagerungen an Freelancer und Dienstleister wie z. B. virtuelle oder physische Assistenz gebrochen werden.

---

[16]Vgl. KfW Gründungsmonitor 2019, S. 10.

[17]Vgl. Fischer 2019, S. 72.

So können Arbeitsschritte, die zwar viel Zeit in Anspruch nehmen, für die der Sidepreneur selbst aber nicht Spezialist ist, entsprechend ausgelagert werden. Die freigewordene Zeit kann beispielsweise in strategische Überlegungen zum Aufbau des eigenen Unternehmens fließen.

Abschließend bleibt festzuhalten, dass die meisten Sidepreneure deutlich unterschätzen, was sie auch bei begrenztem Zeitbudget durch regelmäßiges Arbeiten an ihrem Unternehmen in einem Jahr erreichen können, aber leider oftmals sehr überschätzen, was innerhalb einer Woche möglich ist.

5.6 Austausch

Sidepreneure sind zumindest zu Beginn ihrer Gründung meistens Einzelunternehmer.[18] Einen geeigneten Mitgründer zu finden, stellt viele Jungunternehmer vor eine große Herausforderung. Durch die Einschränkung, nur zu bestimmten Zeiten verfügbar zu sein und auch nur ein gewisses Zeitkontin-gent zur Verfügung zu haben, macht die Suche nach geeigneter Verstärkung im Gründerteam nicht einfacher. Umso wichtiger ist es, die eigene Idee offen an Gleichgesinnte zu kommunizieren, um Mitstreiter in der Sache zu finden. In der quantitativen Erhebung (Kap. 3) gaben über 91 % der Sidepreneure an, den Austausch mit anderen Nebenerwerbsgründern zu schätzen.[19] Heutzutage gibt es hierfür die verschiedenste Online- und Offline-Formate. In Online-Communitys, wie beispielsweise der Sidepreneur-Facebook-Gruppe, bei Netzwerktreffen oder auch auf Gründerkonferenzen quer durch die Bundesrepublik Deutschland entsteht ein wertvolles Netzwerk.

Wer also Feedback zur eigenen Idee einholen, Mitgründer finden will oder Partnerschaften schließen möchte, sollte die Chance zum Austausch unbedingt nutzen.

5.7 Empfehlungen für weibliche Sidepreneure

Wie die Zahlen in Kap. 2 zeigen, wählen besonders gerne Frauen die Möglichkeit des nebenberuflichen Gründens, um in die Selbstständigkeit zu starten. Auch haben die Recherchen der Autoren gezeigt, dass Frauen in anderen Branchen

---

[18]Vgl. Abschn. 3.4.
[19]Vgl. Abschn. 3.5.

gründen und bei diesen Gründungen weniger die Skalierbarkeit und das Anstellen von Mitarbeitenden im Vordergrund steht.

Allen Empfehlungen vorweg möchten die Autoren den Gründerinnen in spe Mut machen, für ihre Idee einzustehen und sich auf den Weg zu begeben. Nur wer sich auf den Weg macht und seine Idee testet und validiert, wird erfahren, ob sie das Potenzial für eine Geschäftsidee hat.

Aus Sicht der Autoren braucht es Beispiele von erfolgreichen nebenberuflichen Gründerinnen, also Role Models, die zeigen, wie der Weg in eine erfolgreiche Gründung aussehen kann. Dabei sollte auch offen kommuniziert werden, was nicht funktioniert hat und an welchen Stellen unter Umständen eine Extrameile gegangen werden musste. Genau diese Role Models möchte unter anderem auch der Sidepreneur-Podcast vorstellen. Hier ist es wichtig, nicht nur selbstbewusste extrovertierte Sidepreneur-innen zu zeigen, die Unternehmen mit Angestellten aufgebaut haben, sondern genauso nebenberufliche Gründerinnen in den Fokus zu rücken, die z. B. in der Elternzeit oder nach einer Krise ihre Herzensidee in die Tat umgesetzt haben.

Weiterhin wird empfohlen, dass sich nebenberufliche Gründerinnen untereinander online als auch offline vernetzen, um so die Potenziale jeder einzelnen zu nutzen, sich zu ergänzen und gemeinsam mehr zu erreichen.

Abschließend wird empfohlen, Weiterbildungs- und Gründungsprogramme in Anspruch zu nehmen und aktiv nachzufragen, ob diese auch für nebenberufliche Gründungen genutzt werden können. Oftmals wird dies in den Informationsmaterialien auf die Vollzeitselbstständigkeit reduziert.

5.8 Empfehlungen für Arbeitgeber

Ergänzend zu den bereits aus Kap. 4 abzuleitenden Erkenntnissen für Unternehmen sollen hier einige weitere Empfehlungen für Arbeitgeber ausgesprochen werden. So ist einerseits zu empfehlen, sich aktiv damit zu beschäftigen, welche der eigenen Angestellten nebenberuflich unternehmerisch tätig sind. Hierzu könnten zum einen die erteilten Genehmigungen in den Personalakten durchgesehen und entsprechende Umfragen durchgeführt werden.

Hintergrund ist u. a. das Ergebnis der quantitativen Erhebung, dass fast 50 % der Sidepreneure gegenüber den Vorgesetzten zurückhaltend oder eher zurückhaltend sind mit Informationen über ihre nebenberufliche unternehmerische Tätigkeit. Besagte Zurückhaltung kann u. a. dadurch aufgelöst werden, dass das Unternehmen proaktiv im Rahmen seiner Employee Value Proposition die Mitarbeitenden dazu ermutigt, ein Sidepreneur-Projekt zu verfolgen, was etwa auch ein positives Signaling im Rahmen des Employer Branding und der Mitarbeiterbindung (War of Talent, Generation Y + Z) darstellen dürfte. Auch Mitarbeitergespräche sind geeignet, um sich über die unternehmerischen Erfahrungen zu informieren und diese Informationen festzuhalten.

Im Rahmen von Produktentwicklungen oder Innovationsprojekten könnten nebenberuflich unternehmerisch tätige Mitarbeiter nach zusätzlicher Qualifikation durch den Sidepreneurship entsprechend gewinnbringend eingebunden werden. Eine aktive Förderung nebenberuflicher unternehmerischer Projekte etwa durch Ideenwettbewerbe zu aktuellen Herausforderungen des Unternehmens stellt eine weitere Möglichkeit dar, um entsprechende Synergien zu erzeugen. Ideen können z. B. zunächst durch Arbeitszeitreduzierung gefördert und später wieder als eine Art Intrapreneurship in das Unternehmen eingegliedert werden, wie bereits ähnliche Ansätze u. a. bei Google zeigen.

Abschließend soll darauf verwiesen werden, dass in der quantitativen Erhebung insbesondere die Aspekte Weiterbildung, neue geschäftliche Kontakte für Arbeitgeber und die Verwendung neuer Tools häufig auf die Frage genannt wurden, welche positiven Auswirkungen Sidepreneurship auf ihr Angestelltenverhältnis habe.

5.9 Empfehlungen an die Politik

Politisch tätigen Akteuren wird zunächst eine gezielte Förderung für Nebenerwerbsgründer empfohlen, da aktuell lediglich wenig Förderungen, wie z. B. ERP-Gründerkredit-Startgeld oder Kostenübernahmen bei Gründercoachings existieren. Ausgehend von einem Trend zur Flexibilisierung des Arbeitsmarktes und der Beschäftigungsverhältnisse, was zu kürzeren Betriebszugehörigkeiten führen kann, steht zu vermuten, dass Jobs immer auch projektorientierter werden. Nebenberufliches Gründen kann mithin durch den Aufbau eines weiteren Einkommensstroms zu einer geringeren Belastung des Sozialsystems führen, da längere Arbeitslosenzeiten verhindert werden können, woraus sich die zuvor empfohlene Förderung begründet.

Da heute die Zahl der nebenberuflichen Gründerinnen bereits deutlich höher im Neben- als im Haupterwerb ist, ergibt sich dadurch ein Argument, der besonders wirksamen Förderung weiblicher Sidepreneure. Wer demnach weibliches Gründen fördern möchte, kommt um die Unterstützung von Sidepreneurship-Projekten nicht herum.

Die Autoren kommen u. a. durch die Umfrage (Kap. 3) zu der Ansicht, dass nebenberufliches Gründen Innovationen und Know How von gut gebildeten

Personen mit hohem Bildungsstand bei den Neugründungen freisetzen kann. Auch hieraus lässt sich eine entsprechende Indikation zur Förderung ableiten.

Ein weiterer Aspekt besteht darin, dass Menschen, die eher weniger risikobereit sind und daher dem Thema Gründen eher skeptisch gegenüberstehen, sich dem Thema so eher annähern können. Der Mittelstand in Deutschland ist das Rückgrat der Wirtschaft. Sidepreneure können aktiv Innovation in etablierten Unternehmen fördern und so signifikant zu einer Zukunftsfähigkeit jener Firmen beitragen. Dies sollte die Politik als Anlass nehmen, hier entsprechende Förderprogramme für KMUs[20] anzubieten.

Es wird abschließend empfohlen, das Unternehmerbild in der politischen Wahrnehmung zu verändern und dieses breiter aufzustellen. Es sind mitnichten nur die Gründungen in hochtechnologisierten Branchen mit vielen Mitarbeitern und hohen Umsätzen, welche zur Wettbewerbsfähigkeit und Wertschöpfung einer Ökonomie beitragen. Auch Kleinstunternehmen haben einen immensen Anteil daran und können zukünftig auch neue Arbeitsplätze schaffen. Insbesondere eine hervorragende Vereinbarkeit von Beruf und Familie sollte sich in einer entsprechenden Anerkennung von Gründungen in Teilzeit und Selbstständigkeiten äußern, die von zu Hause aus initiiert und betrieben werden.

Fazit

In der Gründungszeit eines neuen Unternehmens, unabhängig davon ob dieses nebenberuflicher Natur ist oder in Vollzeit gestartet wird, stellen sich viele Fragen. Die Handlungsempfehlungen sollen, ausgehend von den Ergebnissen aus den Kap. 3 und 4, eine konkrete praxisnahe Hilfestellung für Sidepreneure, Arbeitgeber und die Politik sein. Die Autoren möchten dadurch erreichen, dass es zum einen ein besseres Verständnis aller Akteure im Hinblick auf nebenberufliches Gründen in Deutschland gibt und zum anderen nochmals die Vorteile für alle Parteien aufzeigt werden können.

---

[20]Kleine und mittlere Unternehmen.

Was Sie aus diesem *essential* mitnehmen können

- Sidepreneurship, also das nebenberufliche Gründen neben einem Hauptjob, bekommt immer noch nicht die gleiche Beachtung wie die Vollzeitgründung, obwohl ein nicht geringer Anteil der Neugründungen initial nebenberuflich gestartet wird.
- Das *essential* erklärt, was ein Sidepreneur ist und wie sich Sidepreneurship gegenüber ähnlichen Begriffen für „nebenberufliches Gründen" abgrenzen lässt.
- Was unterscheidet Sidepreneurship von einem Side Hustle und welche Sidepreneur-Typen gibt es?
- Exkurs zum New Work Ansatz von Bergmann. Inwieweit lässt sich Sidepreneurship der New Work Bewegung zuordnen?
- Wie weit verbreitet ist Sidepreneurship in der D-A-CH-Region?
- Diskussion der Sidepreneur Studie 2020. Wer gründet nebenberuflich und welche Motive stecken dahinter? Vor welchen Herausforderungen stehen (angehende) Sidepreneure?
- Experteninterviews aus dem Personalumfeld. Zahlt das nebenberufliche Gründen positiv auf das Personal Branding des Arbeitgebers ein, wenn dieser Sidepreneurship unterstützt? Steigt die Motivation der Mitarbeitenden, wenn der Arbeitgeber ihr Side Business akzeptiert und fördert? Welche weiteren positiven Aspekte gibt es?
- Aus den Ergebnissen der Sidepreneur Studie 2020 und den Experteninterviews leiten die Autoren Handlungsempfehlungen für Sidepreneure, Arbeitgeber und die Politik ab.

S. Pioch et al., *Sidepreneurship,* essentials, https://doi.org/10.1007/978-3-658-31505-4

Literatur

Achleitner, A.-K. (14. Februar 2018). *Wirtschaftslexikon Gabler*. Von https://wirtschafts-lexikon.gabler.de/definition/nebenerwerbsgruendung-52246/version-275388 abgerufen.

AIT Austrian Institute of Technology GmbH. (25. Juni 2020). *Austrian Start-up Monitor 2019*. Von Austrian Start-up Monitor 2019: https://austrianStart-upmonitor.at/ abgerufen.

Alexandru, J. (25. Juni 2020). *gründerdaily*. Von Neue Studie: 59 % aller Gründungen im Nebenerwerb: https://www.fuer-gruender.de/blog/nebenerwerb-selbststaendigkeit/ abgerufen.

Baumgart, I. (11. Juni 2020). Interview zu Sidepreneurship. (S. Pioch, Interviewer).

Bergmann, F. (1977). *On beeing free*. Indiana: University of Notre Dame Press.

Bergmann, F. (1990). Neue Arbeit (New Work). In W. Fricke, *Jahrbuch Arbeit und Technik* (S. 2). Bonn: Dietz Verlag J.H.W. Nachf.

Bundesministerium für Wirtschaft und Energie (BMWi). (Juli 2019). www.existenzgruender. de. Von https://www.existenzgruender.de/SharedDocs/Downloads/DE/GruenderZeiten/ GruenderZeiten-11.pdf?__blob=publicationFile abgerufen.

Bundesrepublik Deutschland, Grundgesetz (GG) Art. 12, Abs. 1. (kein Datum).

Burmeister-Lamp, K. L. (2012). Are entrepreneurs influenced by risk attitude, regulatory fokus or both? An experiment on the entrepreneurs' time allocation. In *Journal of Business Venturing vol. 27(4)* (S. 456–476). Elsevier.

Dietzinger, V. (09. Juni 2020). Interview zu Sidepreneurship. (P. Lutsch, Interviewer).

Enz, K. (25. Juni 2020). *Tagblatt*. Von Firmenboom in der Ostschweiz: Die Teilzeit-gründer kommen: https://www.tagblatt.ch/wirtschaft/firmenboom-in-der-ostschweiz-die-teilzeitgruender-kommen-ld.1182451 abgerufen.

Fischer, D. (2019). 52 Wege zum Erfolg. Weinheim: WILEY-VCH Verlag GmbH & Co. KGaA.

Folta, T. B., Delmar, F., & Wennberg, K. (Februar 2010). Hybrid Entrepreneurship. *MANAGEMENT SCIENCE*, S. 253–269.

Fueglistaller, U., Müller, C., Müller, S., & Volery, T. (2016). Entrepreneurship: Modelle – Umsetzung – Perspektiven mit Fallbeispielen aus Deutschland, Österreich und der Schweiz. Wiesbaden: SpringerGabler.

Guillebeau, C. (2017). Side Hustle. London: Macmillan Publishers International Limited.

IFJ Institut für Jungunternehmen. (25. Juni 2020). *Watson.ch*. Von In einem Jahr über 44'000 neue Firmen in der Schweiz gegründet – fast alle von Männern: https://www.watson.ch/!681857022 abgerufen.

IFJ Institut für Jungunternehmen AG. (25. Juni 2020). *Netzwoche*. Von Rekordjahr für Gründungen: https://www.netzwoche.ch/news/2020-01-09/rekordjahr-fuer-gruendungen abgerufen.

Inmit – Institut für Mittelstandsökonomie. (25. Juni 2020). https://www.bmwi.de/. Von Studie: Beweggründe und Erfolgsfaktoren bei Gründungen im Nebenerwerb: https://www.bmwi.de/Redaktion/DE/Publikationen/Studien/beweggruende-und-erfolgsfaktoren-bei-gruendungen-im-nebenerwerb.pdf abgerufen.

Jacob, R., Heinz, A., & Décieux, J. P. (2019). *Umfrage: Einführung in die Methoden der Umfrageforschung*. Berlin/Boston: Walter de Gruyter GmbH.

Jean-Paul, R. H. (2017). *Part-time Entrepreneurship-Build a successful Side Business while working a full-time job*. Wroclaw: Amazon Europe S.a.r.l.

KEYSTONE-SDA-ATS AG. (25. Juni 2020). *Südostschweiz*. Von Mehr Start-ups dank tiefen Zinsen und «Teilzeitgründern»: https://www.suedostschweiz.ch/wirtschaft/2019-11-04/mehr-start-ups-dank-tiefen-zinsen-und-teilzeitgruendern abgerufen.

Klingenberg, J. (15. Juni 2020). Interview zu Sidepreneurship. (P. Lutsch, Interviewer).

Kohlberg, S. (Oktober 2016). *Nebenberuflich selbstständig. Ein Merkblatt der Industrie- und Handelskammer Hannover*. Von www.hannover.ihk.de: https://www.hannover.ihk.de/fileadmin/data/Dokumente/Themen/Unternehmensgruendung/Merkblatt_Nebenberuflich_selbstständig.pdf abgerufen.

Kündig, C. (25. Juni 2020). *Watson.ch*. Von Die Schweizer Start-up-Szene ist ein Boys-Club – weil Frauen nicht bluffen: https://www.watson.ch/schweiz/wirtschaft/141173410-die-schweizer-start-up-szene-ist-ein-boys-club-weil-frauen-nicht-bluffen abgerufen.

Kurczewska, A., Mackiewicz, M., Doryń, W., & Wawrzyniak, D. (2020). Peculiarity of hybrid entrepreneurs – revisiting Lazear's theory of entrepreneurship. *Journal of Business Economics and Management*, S. 277–300.

Landgraf, A. (2015). *Part-time entrepreneurship Micro-level and macro-level determinants*. Trier: Universität Trier.

Landgraf, A., & Block, J. H. (20. Juli 2014). Transition from part-time entrepreneurship to full-time entrepreneurship: the role of financial and non-financial motives. *Int Entrep Manag J*, S. 259–282.

Markman, G. D., Gianiodis, P. T., & Phan, P. H. (Februar 2008). Full-Time Faculty or Part-Time Entrepreneurs. *IEEE Transactions on Engineering Management VOL. 55, NO. 1*, S. 29–36.

Marshall, D. R., Davis, W. D., Dibrell, C., & Ammeter, A. P. (November 2019). Learning off the Job: Examining Part-time Entrepreneurs as Innovative Employees. *Journal of Management*, S. 3091–3113.

Metzger, G. (25. Juni 2020). https://www.kfw.de/. Von KfW Gründungsmonitor 2019: https://www.kfw.de/PDF/Download-Center/Konzernthemen/Research/PDF-Dokumente-Gr%C3%BCndungsmonitor/KfW-Gruendungsmonitor-2019.pdf abgerufen.

Metzner, M. (15. August 2017). www.bpb.de. Von https://www.bpb.de/izpb/254394/berufsfreiheit abgerufen.

Nepomnyashcha, N. (09. Juni 2020). Interview zu Sidepreneurship. (P. Lutsch, Interviewer).

New Work SE. (7. März 2019). NWX 19. *Verleihung des XING New Work Awards an Peter Lutsch.* Hamburg, Deutschland.

Oschischnig, U. (25. Juni 2020). http://wko.at/. Von Wirtschaftskammer Österreich: http://wko.at/statistik/ng/ng2019v-gesamt.pdf abgerufen.

Petrova, K. (2005). *Part-Time Entrepreneurship and Wealth Effects: New Evidence from the Panel Study of Entrepreneurial Dynamics.* Boston: Boston College.

Petrova, K. (23. September 2010). Part-Time Entrepreneurship: Theory and Evidence. *Atlantic Economic Journal,* S. 463–464.

Petrova, K. (2011). Part-Time Entrepreneurship, Learning and Ability. *Journal of Management Policy and Practice,* S. 64–75.

Petrova, K. (2018). Part-Time Entrepreneurship and Risk Tolerance. *Journal of Applied Business and Economics,* S. 120–131.

Pioch, S., & Windmüller, H. (2020). *Start-up Skills – Der Guide für Entrepreneure und Querdenker.* Frankfurt, New York: Campus Verlag.

Plöger, H. (4. Juni 2020). Interview zu Sidepreneurship. (S. Pioch, Interviewer).

Rathgeber, S. (13. Juni 2020). Interview zu Sidepreneurship. (J. Benad, Interviewer).

Schachi, F. (09. Juni 2020). Interview zu Sidepreneurship. (P. Lutsch, Interviewer).

Solesvik, M. Z. (März 2017). Hybrid Entrepreneurship: How and Why Entrepreneurs Combine Employment with Self-Employment. *Technology Innovation Management Review,* S. 33–41.

Statistik Austria (Juni 2019), In Statista Dossier *Gründungen und Start-ups in Österreich,* abgerufen.

Verbraucherzentrale Nordrhein-Westfalen e. V. (2018). Nebenberuflich selbstständig. In T. Hammer. Düsseldorf: Verbraucherzentrale NRW.

Viljamaa, A., & Varamäki, E. (2014). PART-TIME OR NASCENT ENTREPRENEURS? ACADEMIC HYBRID ENTREPRENEURSHIP. *Global Business and Technology Association,* S. 635–694.

von Nessen, S. (13. Juni 2020). Interview zu Sidepreneurship. (P. Lutsch, Interviewer).

Wirsing, J. (2. November 2018). www.personalwissen.de. Von https://www.personalwissen.de/new-work-arbeit-4-0/ abgerufen.

Wirtschaftskammer Österreich. (25. Juni 2020). *Statista.de.* Von Anzahl der Unternehmensgründungen in Österreich nach Branchen im Jahr 2019: https://de.statista.com/statistik/daten/studie/695769/umfrage/unternehmensgruendungen-in-oesterreich-nach-branchen/ abgerufen.

Witt, P. (2020). Unternehmerisches Verhalten von Mitarbeitern in großen Unternehmen. In K. Hölzle, V. Tiberius, & H. Surrey, *Perspektiven des Entrepreneurships: Unternehmerische Konzepte zwischen Theorie und Praxis* (S. 239–250). Stuttgart: Schäffer-Poeschel Verlag.

Printed in the United States
By Bookmasters